点亮
教师专业成长之路

崔婉婷 ◎ 编著

东北师范大学出版社
长春

图书在版编目（CIP）数据

点亮教师专业成长之路 / 崔婉婷编著. —长春：东北师范大学出版社，2021.1
ISBN 978-7-5681-7600-2

Ⅰ.①点… Ⅱ.①崔… Ⅲ.①小学教师—师资培养—研究 Ⅳ.①G625.1

中国版本图书馆CIP数据核字（2021）第020610号

□责任编辑：石　斌　　　　□封面设计：言之凿
□责任校对：刘彦妮　张小娅　□责任印制：许　冰

东北师范大学出版社出版发行
长春净月经济开发区金宝街118号（邮政编码：130117）
电话：0431-84568115
网址：http：//www.nenup.com
北京言之凿文化发展有限公司设计部制版
北京政采印刷服务有限公司印装
北京市中关村科技园区通州园金桥科技产业基地环科中路17号（邮编：101102）
2021年1月第1版　　2021年4月第1次印刷
幅面尺寸：170mm×240mm　印张：15.25　字数：233千

定价：45.00元

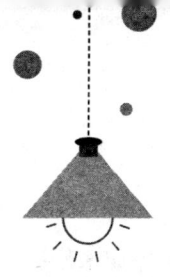

前 言
FOREWORD

随着信息技术的发展，职业分工越来越细致，教师专业发展也成了一个热门话题。如何进行教师专业发展，已经有很多著作对其进行了详细的论述。然而综观各种不同类型的教师专业发展书籍和论文，总感觉其中存在一些没有被引起足够重视的方面，如教师专业发展的主体———一线教师的亲身感受。

编者作为广州市小学数学名师工作室主持人，从事小学教育三十多年，积累了丰富的小学教育教学经验，也经历了完整的从工业化社会到信息化社会的转型，对教师的专业成长过程有着切身体会。

在教学生涯中，编者不断地学习先进的小学教育教学理念，掌握现代教育技术在教学中的应用，逐渐从一名骨干教师成长为学科带头人，并成长为名师工作室主持人。这一过程反映了一个教师专业成长所经历过的各个不同阶段，积累了深厚的教学经验和教师专业成长经验，也将能够更好地促进青年教师的成长。

为了将这些经验传递给青年教师，在过去的那段时间，编者通过师徒结对、观摩课、专题讲座、名师工作室组织活动等多种形式促进青年教师的专业发展，取得了良好的效果。唯感不足的是，这些形式分享的专业成长知识和经验，推广面较窄，能够受益的青年教师不多。因此，编者以书籍的形式将这些经验进行汇总编撰，应该能够使更多的青年教师受益。这也是编者愿意花费大量时间和精力来编写这本书的一个重要原因。当然这本书得以顺利出版，反过来又有助于将编者过去三十多年的专业成长经验系统化、理论化，有效地促进了编者自身的专业发展。

本书共分成六章。第一章回顾了教师专业成长的理论知识。这些理论知识对于促进教师的专业成长有重要的作用，是教师专业成长的基础。当然考虑到现在图书馆中已经有很多教师专业发展理论方面的专业书籍，这一章的内容编写较为

笼统概括，目的是在后续的章节中能够更好地结合教学实例进行分析。

第二章介绍了教师专业成长的途径，指出教师专业成长可以使用的途径非常丰富。本章主要结合编者自身的工作来分析一些重要的教师专业成长途径的内涵。由于感同身受，因此内容更容易理解和推广。

第三章以自己的教学实践经验来反思教师专业成长。本章对专业成长道路上遇到的各种教学方面的问题进行了思考，深刻理解了在教学实践过程中理论学习、优秀教师的经验、教学研究和科学研究对教师专业成长的促进作用。

第四章对专业技能的发展进行分析，通过13个案例探讨了如何从生活实践、勤学勤练、理论指导、多种教学技能的组合使用等方面促进教师专业技能的发展。

第五章探讨了专业情感的发展问题。本章结合编者自身的教学情感发展历程，从专业情感的构成开始，探讨了如何获得高尚的小学数学教师专业情感，给出了从获得教学热情开始，进而形成对数学真诚的态度，并最终全身心地投入小学数学的教育事业之中这样一个情感发展的过程。

第六章分享了在编者的名师工作室的引领下青年教师对数学史教学课题的研究成果。该成果可以作为名师工作室引领的一个示范性成果，让读者对教师专业成长有更深的了解。

本书成书比较仓促，且编者知识经验有限，因此其中有可能存在不足之处，敬请读者批评和指正。

崔婉婷
2020年9月于广州

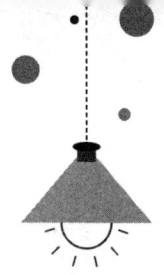

目录
CONTENTS

第一章 专业成长的内涵 ·· 1

第一节 专业知识的学习 ·· 2
第二节 专业技能的培养 ·· 11
第三节 专业情感的升华 ·· 15
第四节 专业研究 ·· 18

第二章 专业成长的途径 ·· 21

第一节 师范教育的思考 ·· 22
第二节 教学岗位的实践 ·· 26
第三节 进修与提高 ·· 29
第四节 工作室示范引领 ·· 32

第三章 专业成长的思考 ·· 35

第一节 教师专业成长之路 ······································· 36
第二节 他山之石 ·· 40
第三节 教学研究促进专业成长 ································· 59
第四节 科研促进专业成长 ······································· 72
第五节 形成教学风格 ·· 94

第四章　专业技能的发展 … 103

第一节　专业技能 … 104
第二节　技能源自生活 … 105
第三节　熟能生巧 … 115
第四节　理论指导实践 … 128
第五节　运用好教学技能 … 159

第五章　情感发展之路 … 177

第一节　情感是专业成长的催化剂 … 178
第二节　热爱小学数学教学 … 181
第三节　不忘初心 … 186

第六章　青年骨干教师的成长论文 … 191

第一节　数学史的教学思考 … 192
第二节　数学史走进课堂 … 200
第三节　数学史与课堂的融合 … 213

参考文献 … 234

第一章

专业成长的内涵

第一节　专业知识的学习

一、数学本体性知识

小学数学本体性知识是指教师所具备的数学学科的知识，包括数论、几何、数据分析等方面的知识。除了这些理论知识之外，小学数学本体性知识还涉及数学的应用知识、数学思想方法和数学史知识等。在实际教学中，除了这些理论、应用、思想方法和数学史知识之外，小学数学本体性知识还涉及基本的数学能力和素养。

小学数学内容属于最基础的知识，一些人士觉得只要掌握了一般的数学基础知识就可以胜任小学数学教学的工作，这种看法是片面的。这其中既涉及教师的专业成长问题，也涉及数学本体性知识的不断发展问题。

例如，在基本的教学要求方面，几十年前小学数学教学要求就是掌握一般的数学运算即可，诸如心算、口算甚至珠算等内容也成为小学数学教学的一个重要组成部分。但是随着信息化社会的发展、计算机技术和网络技术的普及，过去一些被重视的数学能力现在已经跟不上时代发展的步伐。因此，数学本体性知识也必然会发生重大的变化。作为小学教师，其所掌握的数学知识自然也需要不断更新换代。

信息化社会的发展还带来了教育理念的变化。过去重视知识的学习，强调记忆，而现在更重视的是学生能力的发展。要发展学生的数学能力，要求教师在数学本体性知识的构成方面更重视数学的应用，将小学数学的教学与实际的生活应用紧密结合在一起。

虽然小学数学的内容比较简单，但是如果教学只满足于让学生记住各种意义和法则，这对于学生数学能力的发展是极为不利的。因此，在数学教学过程中，强调学生对数学思想的理解也必然成为小学数学教学的一个重要组成部分。这就要求小学数学教师所需要掌握的数学本体性知识上升到哲学的层次，教师要站在一定的高度上来理解这些基础数学内容所包含的哲学思想。

另外，数学也并非突然发展起来的，而是经过前人的不断努力，在不断的生活实践中总结出来的。因此，在教学的过程中，教师让学生理解数学发展的历史也是促进学生更好地理解数学，并激发学生在数学学习的过程中，在生活中发现和创造的一个重要途径。这对于教师的数学史本体知识构成提出了比较高的要求。

促进小学数学教师提高数学本体性知识水平，提高数学教学能力，可从以下几方面来完成。

1. 提高自身本体性知识的修养

修养反映出一个人的综合素质。提高教师自身的本体性知识修养实际上反映出一名数学教师不仅要掌握数学基础知识，还要努力提高自己的思想境界，始终保持高尚的情操。这对于教师自身修养的提高有着非常大的帮助。在高尚情操的引领下，教师既要关注数学知识，也要关注物理、生物、化学等方面的知识，同时要涉及文学艺术等方面的知识。这些都是人类文明发展所积累下来的宝贵财富。这些宝贵财富中或多或少地蕴藏了大量的数学知识。在此基础上，将科学性和艺术性、科学性和应用性有机地结合在一起，则能够让数学教师的教学内容更加丰富，教学过程也更加生动有趣。

例如，在教学"人民币的认识"时，可以给学生拓展如下知识：5元人民币的背面是"五岳独尊"的石刻和泰山主峰两个场景；10元人民币的背面是长江三峡（瞿塘峡夔门）；20元人民币的背面是桂林山水漓江；50元人民币的背面是拉萨的布达拉宫，这是中国具有代表性的建筑；100元人民币的背面是北京人民大会堂，雄伟的殿堂彰显着中国的气质。教师在指导学生认识人民币时可以渗透地理知识，同时对学生美育艺术进行熏陶，通过故事的穿插能够有效地激发学生学习的积极性和探究知识的欲望。

2. 通过多种途径补充自身的数学本体性知识

知识在不断更新，为了紧跟时代的步伐，终身学习势在必行。目前继续

教育形式多种多样：校本培训、同伴互助是常用的学习方式；区域内组织的培训，邀请专家讲座，外出参观学习、培训，远程教育培训等都能有效地促进教师成长。更重要的是自我学习和提升，把学习的知识转化为教师自身的知识体系。

3. 积极参与教学研究活动

在教学研讨活动中，把学到的理论知识用于教学实践，并在教学实践中更新知识结构，结合教学需要继续学习，这可以使教师本体性知识呈螺旋式上升状态。一般情况，学校每周都会组织学科教学研讨，有主题，有中心发言人，大家围绕着教学困惑或者教学重点进行探讨，对于热点问题实践进行研究，从而提高认识。如果只是局限于学校研讨，教师的眼界和发展就很有限。因此，教师要积极参加区级或以上教学研讨活动，如果不能参加现场研讨活动，信息时代可以通过网络视频、线上教研、直播等方式参与观摩或者互动。教师在参与各项活动中不断提升，结合理论学习，教师会成长得更快。

4. 积极参与数学科研活动

做一名好的数学教师，要善于在教学、教研中发现问题，带着问题进行研究。结合理论知识的学习，在教学实践中开展课题研究是教师专业成长的有效途径之一。因此，教师要积极参与数学科研活动，跟着有经验的教师研究，在研究中积累素材，学会反思，善于思考，分析数据，用理论知识分析教学成效，在实践中反思，在反思中提高，并把实践经验转化成教学成果并进行推广，让更多一线教师受益，做一名睿智的数学教师。

二、数学思想方法

小学数学看起来虽然简单，但是这些知识实际上都是人类社会文明发展了几千年的时间才积累下来的。因此，看似简单的四则运算，其中凝聚了古代数学家们智慧的结晶，这些智慧结晶体现在数学的思想方法上面。

具体来说，小学数学思想主要包括以下几方面。

1. 数形结合

数与形是人类在数学研究历史中最早的研究对象。也可以说，数与形是数学的基础。在小学数学教学中，教师重视数形结合可以更好地帮助学生理解知识。

在小学数学教学过程中，作为教师，一方面要做到以数说形，即借助数的精确性来描述形状；另一方面要做到以形助数，这样可以给学生具体直观的形状，促进学生对抽象的数的理解。

2. 分类和集合

分类是将复杂的对象按照相同的属性进行归类整理，这样一个复杂的系统就会变得更加简单，学生也就更容易从中发现各种规律性。集合是将相同属性的对象集中在一起，成为一个类别。分类和集合实际上是系统方法的两个重要步骤。

3. 对称和对应

我们所处的世界很多物体都呈现对称特征，如圆形、正方形、等腰三角形或等边三角形等，都有明显的对称性。在小学数学教学过程中，教师应落实这种对称的思想，让学生体会到数学的优美，从而更容易把握各种数学规律。与对称性一致的概念就是对应。在社会生活中，这种对称性仍然存在，但是表现得更为复杂，可以用对应的方式来进行表述。例如，男性对应女性、天对地、雨对风等，这些都是劳动人民在日常生活中发现的各种事物中的对应关系。这些在数学上都可以用对称性来表示。

4. 有限和无限

有限和无限是数学中的另一个重要思想。有限的数既可以进行计算，也可以用具体的事物来进行说明，教师在教学过程中应能够有效地结合实际生活经验进行教学。而无限的数则无法直接进行计算，对于小学生来说显得非常抽象。但是在数学中这种无限又是客观存在的，这是学生必须掌握的基本概念之一。在教学过程中教师要让学生深刻体会并理解这种思想，既要考虑学生的认知能力，也要注重采用有效的教学方法来实施教学。

5. 归纳和演绎

数学归纳法是数学中最基本的方法。通过数学归纳法，教师就能够使用比较简单的处理方式来解决复杂的问题。当然除了数学归纳法之外，在面对一些比较散乱的对象时，也可以使用归纳整理的方式，有效地对这些对象进行归类，并获得一般性结论，再通过逻辑演绎推理的方法总结出反映客观事物内在规律的结论。

6. 简化和量化

简化和量化在物理、化学等学科中使用普遍。由于客观世界是复杂的，要弄清楚其中的规律，就要剔除无关因素，保留关键因素，这样物理学家才能用更简洁的数学方程来描述这些物理过程。

在小学数学教学过程中，简化和量化也同样重要。教师让学生学会简化客观事物，并对其进行量化，将有助于学生今后深入学习数学知识以及其他科学知识。

7. 随机和优化

客观世界中存在着大量的随机过程。这些随机过程看起来没有什么规律，但是可以用统计学的知识来进行处理。处理的结果就是获得随机数据的平均数、总数、方差、相关系数等统计指标，然后按照这些指标对随机过程进行优化，最终获得最优化的输出结果。

8. 抽样和统计

如果样本数量非常大，可以采用抽样的方法来进行分析，即从数量非常庞大的数据中，随机或者按照一定的规则抽取小部分数据，进行统计分析。由于符合统计规律的要求，即便是小部分数据，也能够非常真实地还原所有数据所表现出来的统计规律。

三、思维能力

相比于数学知识和数学思想方法，学生思维能力的培养则是达到目的的途径。学生只有具备了相当水平的数学思维能力，才能够将这些知识学好，使之成为自身知识体系的一个部分。同时，学生思维能力的提高，是小学数学教学的主要任务，是促进学生智能发展以及提高学生综合素质的重要措施。

培养学生的数学思维能力可以从以下几个方面着手。

1. 掌握数学基本概念

基本数学概念的学习在整个小学数学教学过程中很重要。缺少了数学基础概念，就像一座大厦没有了地基一样，所建造出来的高楼大厦必然不稳定，不具备应有的使用价值。

2. 促进学生对抽象符号的理解

数学要用抽象的符号来推演具体事物发生发展的逻辑规律，抽象符号实际上也是数学运用的基础。抽象符号对于数学来说，就像是一个人使用的工具，好的符号表述方法，能够帮助学生更好地解决各种数学问题。

3. 促进学生将所学知识应用到实际生活之中

知识是抽象的，它来自生活。学生获得了数学知识，也意味着学生获得了抽象的知识和经验。但是按照认识的规律来看，如果只停留在抽象的经验层面，那么这些知识充其量只能够被称作智力游戏。因此，抽象的知识最终还是要回到实际生活之中，并在生活中得到应用。

4. 培养学生的分类能力

既然数学帮助学生学会了分类和集合的数学知识，就要让学生在实际的数学学习过程中以及日常生活中尝试将这些知识进行应用。而这些知识的应用除了能够为学生更深入地学习打下坚实的基础之外，还可以培养学生良好的生活习惯，促进学生生活技能的提升。

5. 引导学生对离散的数据进行综合

对离散数据进行综合的过程是一个系统的过程，也是小学数学教学中学生需要达到的一个比较高层次的目标。由于学习目标的层次比较高，因此教师在教学过程中要注意引导和促进学生自主学习、自主探究和发现其中的规律。

6. 促进学生逻辑推理能力的提升

逻辑推理能力是最基本的数学能力，而严谨的逻辑推理能力的获得，也将伴随着学生的一生。在升入中学后，当学习平面几何、立体几何以及更为深奥的高等数学内容时，逻辑推理就像是穿插在一串珍珠项链上的丝线，将所有的数学知识贯串在一起。

在培养学生数学思维能力的过程中，逻辑推理能力的形成是重中之重。然而学生逻辑推理能力的提升并非一蹴而就，需要教师耐心地教学和引导。

要让认知能力还不够成熟的小学生获得简单的逻辑推理能力，教师可以从具体实物开始，遵循从具体到抽象、从直接经验上升到抽象经验的认知规律。

7. 促进学生形成自己的世界观和价值观

在小学数学教学中尽管有很多的数学基础知识需要学习，但是教师不应该忽略对学生的人生观、世界观和价值观的培养。数学中包含着非常丰富的哲学思想。古代有很多著名的数学家同时也是影响深远的哲学家。在教学中，一方面教师可以从基本的数学规律中提取可以让学生深刻体会的哲学思想，促进学生世界观和价值观的形成；另一方面教师可以通过数学史的教学，介绍人类历史上卓越数学家的故事，为学生提供更加直观的世界观和价值观案例，促进学生思想的升华。

四、数学史

与数学本体性知识等专业知识相比，数学史知识则是属于科学史方面的内容。随着对学生素质教育的要求提升到了一个新的高度，在小学数学教学过程中，结合数学史进行教学成了现代小学数学教学的一个重要发展趋势。目前不同版本的小学数学教材都不同程度地呈现了数学史的内容，由此可以看出数学史在小学数学教学中的重要性。

与抽象的数学知识不同，数学史具有很强的艺术性，感染力也非常强。因此，学生在学习的时候兴趣会比较高。

例如，在古希腊著名数学家欧几里得小时候，他跟随一群年轻人来到当时希腊著名的柏拉图学院学习。当这群年轻人刚刚走到学院大门的时候，就被上面书写的几个大字——"不懂几何者，不得入内"吓住了。大家都愣在那里不敢前行。然而年轻的欧几里得却从容地整理好衣冠，瞅了瞅那块牌匾，勇敢地走了进去。教师将这个故事讲给小学生听，既可以让学生对古希腊数学有所了解，也可以让学生懂得，数学看起来好像挺难，但是你越是怕它，你就越是无法走进数学殿堂的大门。我们都应该像欧几里得那样，勇敢地走进数学殿堂的大门，努力学习，为祖国数学的发展贡献出自己的力量。

由于内容文学性、艺术性很强，小学数学史可以采用的教学方法很多，包括数学知识引入数学史、习题应用中引出数学史、数学史引出数学知识、阅读理解、小组讨论、案例分析、探究发现等教学方法，教师灵活处理的余地很大。

五、教学研究

从事小学数学的教学研究是小学数学教师的基本任务之一。教师只有在小学数学教学过程中不断开展教学研究工作,才能提高自身的专业能力和教学质量,促进学生整体发展。

小学数学教学研究主要集中在以下几个方面。

1. 儿童认知发展心理学的研究

教学面对的是少年儿童,儿童时期是认知发展速度最快的一个阶段,因此,在小学数学教学过程中,教师注意结合儿童认知发展的实际水平来进行教学是很重要的任务。一般来说,1~3年级的儿童年龄在6~9岁。这一阶段的儿童主要以具体形象思维为主。也就是说数学教学主要结合具体的事物来进行,通过呈现具体的事物,让学生获得直接的经验。而到了三年级以后,儿童年龄超过9岁,这时儿童具备了一定的抽象思维能力,因此可以在教学过程中结合一些抽象内容来进行教学,如可以介绍一些方程求解的知识。

2. 小学数学的学科性研究

作为小学数学教师,要清楚数学在整个小学各学科中的地位,这有助于教师将数学知识与其他学科知识有机地结合在一起,使学生在学习的时候能够将知识面拓展到更多的学科中去,达到知识交叉应用、触类旁通的效果。

3. 小学数学课程结构与目标的研究

对于小学数学教师来说,小学数学课程结构与目标的研究也是教学研究的重要课题。清楚小学数学课程结构和目标,有助于教师更清楚地分析教学内容,使用恰当的教学方法来进行教学。同时,研究小学数学课程结构与目标,也是促进教师从整体上把握小学数学教学规律的关键。

4. 具体的数学教学内容的研究

一旦对课程结构和教学目标有了深刻地理解,教师就需要对教学内容进行深入的研究。小学数学教学内容的研究涉及对教材的分析、对教学内容的安排、对教学内容知识点的分解等方面。

5. 教学模式的研究

信息技术在教育教学中的广泛应用必然导致新的教学模式出现。这些新

的教学模式能够有效地促进教学质量和教学效率的提高，优化教学过程。作为小学数学教师，应该不断尝试在教学中应用各种新的信息技术，探讨新的教学模式，有效促进自身的专业发展。

6. 教学法的研究

教学方法多种多样，不同的教学方法针对的教学对象和教学内容有很大区别。即便是同一个班级的学生，也存在个体差异问题。这些个体差异集中表现在知识掌握水平、技能运用能力和认知能力等方面。因此，在教师专业发展过程中，开展教学研究，一方面能够提高教师对教学法的认识，另一方面也有助于改进教师的教学，促进学生的发展，反过来又极大地提升教师的专业发展水平。

第二节　专业技能的培养

一、小学数学教学技能分类

小学数学教师开展教学活动所需要的基本技能，是小学数学教师专业发展的一个重要组成部分。

常用的小学数学教学技能主要可以分为以下几大类。

1. 教材分析技能

教材分析是指老师对教材内容的分解、归纳和总结。教材分析技能是所有教学技能发展的基础。教材分析得透彻，就意味着教师能够从整体上把握教材的思想、内容和内在的逻辑要求。

2. 教学目标设计技能

教材分析的结果还要落实在教学目标上。要设计出操作性强的教学目标，需要教师对教学目标的表述方式、行为动作的运用、教学目标的落实等方面进行系统的设计和编写。一个好的教学目标应该能够具体落实到可以用适当的方式进行评价的层次上，即教师在教学设计过程中，所设置的教学目标应该是可以评价的。

3. 教学设计编写技能

教学设计的编写需要一定的技能，教学设计一旦编写出来也就意味着教师在教学过程中有了可以依据的"设计图纸"。另外，在编写教学设计时，教师还要注意一些必要的格式，应该将具体教学过程详细地描述出来，如课堂教学中包含哪几个环节，每个环节师生互动预设，什么时候进行形成性评价，什么时候进行总结性评价，等等。

4. 课堂教学技能

小学数学课堂教学中的教学技能包括导入新课技能、教学技能、提问技能、形成性评价技能、小组讨论技能、课堂探究发现技能、现代教育技术手段应用技能、总结性评价技能等。教师掌握的教学技能越多，就越能够应对教学中出现的各种问题，教学效果自然也就越好。

5. 教学评价技能

教学评价包括诊断性评价、形成性评价和总结性评价三种。其中，诊断性评价主要是在学生学习知识之前进行的一个评价。诊断性评价就像医生门诊一样，先了解病人的病情，然后开出处方。教学中的诊断性评价也是如此，先通过评价了解学生已有的学习基础，然后设计有针对性的教学方案。形成性评价是在教学过程中进行的，其主要目的是了解学生的阶段性学习成果，提供给学生必要的反馈信息，帮助学生发现学习中的问题。总结性评价是在一门课程结束时进行，主要是对学生的学习效果进行总体性评价。

无论哪一种评价方式，最终目的都是促进学生的学习，帮助学生顺利成长。因此，教师在应用教学评价技能时要注意评价不是仅仅给学生一个评价结果就结束了，而是需要通过评价结果，发现教学中存在的问题，然后有针对性地改进。

6. 教学研究技能

随着对教师专业发展规律的深入研究，教学研究在教师专业发展中的重要性和地位也引起了人们的广泛重视。教学研究的作用不仅体现在发现新的教学规律上，还体现在培养教师的研究能力上，让教师能够像教育学家那样去探索教育规律，从而使教师的专业层次上升到专家的高度。一般的教学研究技能包括课题研究技能、教学研究实践技能、调查研究技能、教学论文撰写技能等。

二、师徒式引领

尽管在职前教育中，师范生通过课堂教育、心理学、小学数学教学法等知识的学习，已经掌握了小学教学所需要的各种专业教学知识，而且教育实习也让年轻教师有了初步的实践技能，但是面对异常复杂的实际课堂教学环境，书本上的知识和技能往往是不够的。在小学数学教师的专业成长过程中，通过有经验的教师引领来促进年轻教师专业技能的成长已经成为一种有效的专业发展途径。

对于"师傅"来说，需要达到以下几方面的要求：态度热情，知识丰富，耐心细致，循循善诱，关心徒弟的生活和心理发展，关注徒弟的教学实践等。

对于"徒弟"来说，则需要达到以下几个方面的要求：虚心请教，认真学习，态度端正，注意观察，关注师傅的教学工作和教学成果，勇于探索，开拓思维等。

三、技能培训

技能培训是教师专业发展中的职后继续教育方法，通常可以通过专门的技能培训课程来完成。目前校本培训已成为一种非常有效且广受欢迎的方式。充分利用学校拥有的各种资源来促进教师的专业技能发展，成为很多优秀教师成长的必由之路。

综合起来，技能培训的方式主要包括继续教育、校本培训、微格教学、网络教学等形式。在技能培训过程中，如果能够同时结合多种技能培训方式，并有效地兼顾教师的技能学习方式，让教师技能培训的效率更高、效果更好。

四、课堂教学

在各种教学技能中，课堂教学可以使用的技能最为丰富，在各种教学法的教程中都有涉及。当然不同的学科使用的教学方法有很大的区别，如生物、化学等学科比较重视实验的技能，而语文、外语等学科则重视阅读理解、表达等技能。小学数学课堂教学所使用的技能也有本身的一些特色。归纳总结起来，小学数学的教学技能有阅读理解、动手操作实践、思维训练等。

五、教学竞赛

教学竞赛对于促进教师专业技能发展是行之有效的一种手段。与其他

方式不同，教学竞赛具有竞争性，满足了群体动力学机制的需求。如果教学竞赛的方式更加生动有趣，就能够更有效地激发教师学习和掌握教学技能的动机。

教学竞赛的方式方法很多，包括优质课评比、论文、微课、练习设计、说课、演课、课件、教学随笔等。

例如，通过课件制作比赛，教师们会深入接触和学习课件制作技术。这些课件制作技术实际上在教师的教学设计和备课的过程中会被经常使用到。课件制作比赛不仅可以提高教师信息技术应用能力，还可以提高教师的课件制作水平。将这些高质量的课件应用到课堂教学中，能够在促进学生学习知识和提高能力方面带来良好的效果。

在网络教学竞赛的过程中，教师通过直播课的方式，既可以理解网络直播技术在教学中应用的意义，也可以对新的网络直播技术有更深入的体验。此外，还可以解决很多年长教师与在新一代网络环境中成长起来的少年儿童之间的网络代沟问题。

第三节　专业情感的升华

一、感知小学数学

除了专业知识和专业技能方面的成长要求之外，在专业情感的成长方面，小学教师也要达到很高的要求。

教师专业情感的成长过程包括感知、实践、形成态度、形成价值观等环节。其中，感知方面包括教师需要明确小学数学教育的目的、明确小学数学教育的基本要求、熟悉小学数学教育的内容、掌握小学数学教学的各项技能等。

从上述分析可以看出，在专业知识和专业技能得到发展的同时，教师的专业情感也进入了发展的初级阶段。

然而教师的专业情感仅仅达到初级阶段是远远不够的。感知小学数学教育还只是一个初入职的新教师所需要达到的基本要求，要成为专家型教师，在专业情感方面还要达到更高的要求。

二、在教学实践中提升兴趣

有了对小学数学的充分感知之后，就可以发展自己的兴趣。一个人的兴趣可以有很多，也可以很广泛，而专门针对小学数学教育形成浓厚的兴趣，则需要经过系统的教学实践，并在教学实践中获得大量的心得体会才能够完成。

在教学实践中，教师可以把握以下几点要求。

1. 坚持实践是检验真理的唯一标准

人的大脑思维是一个非常发散的过程，可以产生很多想法，这些想法一

般被称为某种思考和理论。然而存在正确理论和错误理论的区分。那么，哪些理论是正确的，哪些是错误的，不能够想当然，检验理论是否正确的唯一标准就是实践。

2. 教师要多参与生活实践

生活是各种创造的源泉。生活也让教师更贴近学生实际，了解学生的心理特征、家庭背景。通过生活，教师还能够理解数学中的一些重要规律。因此，教师将自己的教学生涯与生活紧密联系在一起，教学实践过程会变得更加有趣味性，教师参与教学实践的愿望也会更加强烈。

3. 从生活实践中提炼数学

数学源于生活，人类在生活实践中总结了各种数学规律。这些数学规律不是凭空想象出来的，而是有着坚实的生活基础。作为教师，要注意从生活实践中提炼数学规律。成功地从生活中提炼出数学规律，可以给教师带来成功的喜悦感，让教师获得成就感，让教师能够更有兴趣参与到数学的教学和研究工作中。

4. 让学生积极参与各种活动

除了教师本身的不断实践之外，作为教学的主体之一，学生的参与也是不可或缺的。教师在积极生活实践的时候，也要带领学生共同参与，这样既可以满足学生学习数学知识的需求，也可以共同促进教师的情感升华。

三、树立正确的教学态度

从心理学的角度来说，态度是一种稳定的心理倾向，这种倾向反映了一个人对一个事物的主观评价以及对一个事物可能产生的行为倾向。就教学而言，一个人的教学态度反映了他对教学的主观评价以及在落实教学活动时他所产生的行为倾向。例如，一些教师态度端正，则他们在教学中会采取认真细致的方式来处理教学问题；反之，一些教师态度不端正，则他们会粗心大意，在教学中经常出现各种教学问题。

小学数学教师要树立正确的教学态度，热爱小学数学教育，对所从事的教学工作及在处理各种教学问题时应该做到全身心投入，当然在看待问题的时候，也要有科学的精神，不迷信权威，不随意得出结论。科学的态度对于树立正确的教学态度有着直接的影响。教学属于教育学的一个分支，教育科学属于科学的一个分支。因此，科学的态度也包含了教学的态度在其中，对正确教学态度的形成有制约作用。

四、形成正确的教学价值体系

价值在不同的学科中有着不同的定义。在政治经济学中，价值被定义为生产商品所需要的必要劳动时间。在社会学领域，价值反映了能够满足人的特定需要的能力。同时，社会学领域中的价值也有主观的意义，即人对一个事物的主观评价。例如，一个演员因为主演了一部优秀的电影受到观众的好评，对于电影制片人来说，该演员的价值可能就会显得比较高，这是主观的。教学的价值体系是指在教学过程中教学内容、方式方法、教学手段、教学评价等多种教学因素能够满足教师和学生需要的能力。从主观上来看，教学价值也反映了教学过程中教师和学生等教学的主导者以及教学的主体对教学过程的评价。一堂课，教师同行和学生对这节课的反映都比较好，评价结果为优秀，那么这堂课的教学价值就比较高。因此，教学价值也同样具备了主观性的特点。

教学价值体系是指多种教学价值观组合在一起的一个系统。它综合反映了一个人能否正确看待教学过程中各因素所起的作用以及能否站在一个更高的层次来看待整个教学过程。

小学数学教师的教学价值体系要反映出小学数学教学过程中各种因素所发挥的作用，这种作用能够促进教学改革，提高教学效率和质量，优化整个教学过程，并能够对小学数学课程的教学做出正确客观的评价。

要形成正确的教学价值体系，作为一名小学数学教师，应该努力学习专业知识，提高教学技能，丰富教学情感，积极教学实践，深入教学研究。这才是教师形成独特教学价值体系的必经之路。

第四节　专业研究

一、数学研究

在普通非专业人士的眼里，数学研究是"高大上"的工作，是只有高等院校数学系的教授或者科学院数学研究所的研究人员才能够从事的研究工作。这当然是一种偏见。实际上，在人类历史中，那些首先创建基本数学定理的古代数学家并没有接受过大学教育，也没有类似教授、研究员的职称，但是他们创造出了辉煌的现代数学体系。即便到了现代，很多从事基础教育的教师也在数学史上占有着非常重要的地位。一些著名的数学家，如陆家羲、吴文俊、陈景润、费尔巴哈等都是在从事基础教育的过程中发现了重要的数学定理。而提出著名的哥德巴赫猜想的德国数学家克里斯蒂安·哥德巴赫也曾经从事中学教育工作。由此可见，数学研究不问出身，只要有数学头脑，都可以取得伟大的成就。

当然要取得像陈景润那样伟大的成就，即便是在大学教授和科学研究院群体中也是凤毛麟角，更多的教师主要还是从事教学工作，在从事教学研究工作的同时，投入更多的精力来进行数学研究。在这一点上，基础教育系统中的教师和高等教育系统中的教师起点是完全一样的。因此，小学数学教师开展数学研究同样是其本质的专业工作。

小学数学教师的数学研究工作也有自身的特色。一方面，虽然是最基础的数学知识，但是小学数学研究也涉及非常复杂的数学和逻辑推理的知识。另一方面，小学数学教师的数学研究更多的是面向实际生活开展。

小学数学研究主要涉及自然数的研究、四则运算的研究、分数的研究、小数的研究、数的扩张研究、方程和函数的思想研究、简单几何知识的研究、概率统计的研究、数学建模的研究、解决问题的求解研究等。

二、教学研究

在小学数学教师的研究工作中，除了数学研究之外，教学研究也是一项重要的研究工作。同数学研究相比，教学研究更具备一般性和跨学科性。

教学研究不仅涉及具体的数学知识，还涉及教育心理学、教育技术应用、新的教学模式和教学方法的创新等。

具体来说，小学数学教学研究涉及以下几个方面：

（1）教育心理学研究。

（2）教学模式研究。

（3）教学方法研究。

（4）教育信息化在小学数学教学中的融合研究。

三、研究方法

目前，在小学数学研究和小学数学教学研究的过程中可以使用的研究方法众多，这些研究方法都是为了保证科学地获取数据，应用特定的统计方法来分析数据，并最终得出有科学意义的结论。

常用的数学研究方法包括定性研究和定量研究两大类。

定性研究，主要是行动研究，是指研究者通过观察、调查、访谈等方式来收集各种资料，对某个数学问题和某些现象进行归纳分析，并进行意义建构，促进对数学的理解。

定量研究是指通过问卷调查、统计分析、数学实验等方式获取定量的数据，然后对这些数据进行统计分析，获得可信度比较高的分析结果，并用这样的分析结果来证实自己的假设和预测。

数学仅属于科学的一个重要分支，数学研究更重视的是通过定量研究来获得精确的结论。

对于数学的教学研究，由于其研究对象是教师和学生，他们都是主观性强的对象，因此会包含更多的人文色彩在其中。它跟数学等科学研究有一定

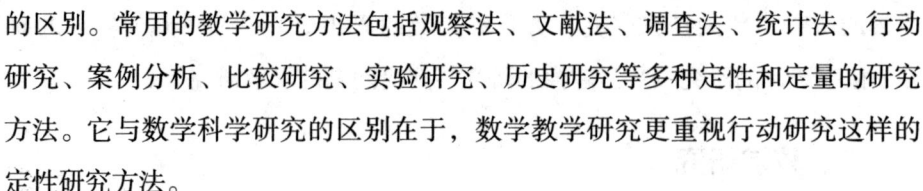

的区别。常用的教学研究方法包括观察法、文献法、调查法、统计法、行动研究、案例分析、比较研究、实验研究、历史研究等多种定性和定量的研究方法。它与数学科学研究的区别在于，数学教学研究更重视行动研究这样的定性研究方法。

第二章

专业成长的途径

第一节　师范教育的思考

一、职前教育的内涵

广义的师范教育包括职前培养、初任考核试用、在职培训三个环节。狭义的师范教育主要指的是师范学校的职前教育。师范教育包括高等师范学校教育和综合性大学师范教育。随着国家教育的快速发展，社会对师范教育的需求越来越多，高等学校师范教育也得到了快速的发展。

师范教育始于1684年的法国。随着社会对师范教育需求的快速增长，师范教育也迅速在世界各地普及。世界著名的巴黎高等师范学校于1845年成立。美国没有专门的师范教育学校，他们的师范教育体系渗透在一些重要的普通高等院校之中。在这些国家和地区，大学生为了获得教师资格，必须专门学习教育类的课程。这些地区还设置了教育硕士和教育博士等专业学位，满足将教师教育提高到更高层次的需求。

我国的师范教育始于1897年设立的南洋公学师范院和1902年设立的京师大学堂师范馆。到了1904年，当时政府颁发了《奏定学堂章程》，即"癸卯学制"。这样我们建立了独立设校的师范教育体系，并有了初等师范学堂和优级师范学堂两个等级。其后京师大学堂师范馆逐渐发展成为现在著名的北京师范大学。

职前师范教育的意义包括如下。

1. 明确界定了教师的社会地位和政治地位

教师的社会地位在《中华人民共和国教师法》中有明确的规定，即"教师是履行教育教学职责的专业人员，承担教书育人、培养社会主义事业的建设者和接班人、提高民族素质的使命"。从中可以看出，教师在整个社会中所处的地位是高尚的。而职前师范教育为教师今后履行教育教学职责打下重要的基础。职前教育正是因为教师的社会地位和政治地位的崇高而得以专门以师范教育的形式落实。

2. 明确了教师的专业地位

专业知识都是非常复杂的。如果一个职业没有任何技术门槛，那么这个职业的专业性就比较低。而教师这一职业，涉及非常复杂的智力活动，需要很专业的内容和方法才能够得心应手地把握教育教学中的规律，顺利实施各种教学活动。因此，职前教育花费相当长的时间来培养未来的教师，正是因为教师这一职业的专业性所在，职前师范教育的落实也明确了教师的专业地位。

3. 对教师提出了专业发展的要求

职前师范教育提供给师范生基本的教育教学理论和各门学科的专业知识学习，并提供有限的教育实习机会，促进学生对教育教学知识和技能的掌握。但对于今后几十年长期从事教育教学工作显然是不够的。因此职前师范教育实际上也是为今后教师的进一步专业发展奠定了基础，并对教师今后的专业发展提出了整体性要求。

4. 对教师素养提出了更高的要求

职前师范教育的出现，意味着教师不再是教书匠的角色。师范教育的出现提高了教师的专业地位，对教师的专业发展提出了更高的要求。即便是一个专业知识非常丰富的其他领域的专业人员，如果从事教育教学工作，需要花费一定的精力学习各种教育教学理论，提高自身的教师素养，只有这样才能够更加有效地开展教育教学活动。

二、学高为师

"学高为师，身正为范"是陶行知先生的名言。现在多用来体现师范的含义。

作为小学数学教师，要做到"学高"，需要在以下几个方面提升自己的知识。

1. 教学知识

教学知识包括教育学、心理学、教育心理学、教学法、现代教育技术等多方面的知识。

2. 专业知识

专业知识包括数学方面的专业知识。这些知识不仅仅限于小学数学的教学内容，还要延伸到中学乃至大学高等数学的层次。只有掌握了足够丰富的数学知识，教师才能够更深刻地理解数学这一学科的内在规律，在教学中，教师不仅要指导学生学习基础数学知识，还要促进学生能力和数学素养的发展。

3. 德育知识

德育知识包括爱国主义教育、集体主义教育、理想教育、劳动教育、科学伦理教育、社会公德教育、心理健康教育、民主与法制教育等。这些德育知识教育要和小学数学学科教学紧密结合在一起，让学生在接受德育课程的同时，能够获得德育知识在具体学科领域的应用。

4. 生活经验

小学数学教师的专业发展离不开生活。生活是各种知识创造的源泉。生活经验包括直接经验和间接经验。直接经验是小学数学教师亲身观察、研究和经历而获得的经验。直接经验更容易引起教师的共鸣，促进教师思考。因此，在条件许可的情况下，小学数学教师应该尽可能深入生活中去，获取最大量的直接经验。间接经验是通过阅读、交流、提问等多种方式获得的经验。虽然不如直接经验感受那样深刻，但是间接经验信息量大，获取途径更加广阔，是直接经验不可或缺的补充。

5. 艺术知识

艺术知识涉及美育等方面的内容。数学知识内含了数学的美。小学数学教师只有充分体会到这种数学美，才能够站在一个更高的层次来看待各种数学问题。落实在小学数学教学过程中，教师才能让自己的教学过程变得更加生动活泼、感染力强。

当教师在上述知识达到丰富的程度时，才能够称为"学高为师"。

三、身正为范

身正为范，要求小学数学教师做到行为端正，成为学生的表率。

马克思认为："人的本质是一切社会关系的总和。"一个人处于社会环境中，必然和这个社会相互接触、相互交流，成为这个社会关系网络中的一个组成部分。社会文化对一个人的成长有着深刻的影响，一个人的认知过程、认识能力反过来会对社会文化的发展有促进作用。

小学数学教师的成长离不开社会的培养。而小学数学教师作为这个社会中的专业人士，直接影响到这个社会中儿童的成长，继而促进整个社会文化的发展。因此，小学数学教师必须具备高尚的道德情操，在为人处事的过程中要以高标准要求自己。

小学数学教师要做到"身正为范"，可以从以下几个方面着手。

1. 处理好个人与个人之间的关系

这种个人之间的关系，既包括教师与个别学生之间的关系，也包括教师与个别同事以及家长之间的关系。

在处理好个人关系的时候，小学数学教师应该提高认识，达到严于律己、慎思笃行、和谐友爱、乐于助人等基本要求。

2. 处理好个人与集体之间的关系

作为集体中的一分子，小学数学教师也会不断地与集体产生密切的交互，包括跟这个集体频繁的信息互动，享受集体给予的权利，履行作为成员应尽的义务。

在处理好个人与集体之间关系的时候，小学数学教师要做到正确认识个人和集体的关系、正确认识个人能力的局限性、积极参与各种集体活动。

除此之外，教师还要正确认识集体中实行的奖惩制度。尽管奖优罚懒会造成集体中的个体差异，但是作为集体中的一员更应该认识到这种制度的形成，其本质是为了促进整个集体的发展，使小学数学教师队伍能够保持旺盛的士气和激昂的工作热情。

第二节　教学岗位的实践

一、入职实践

一个年轻的教师从师范院校毕业之后，就正式进入学校工作。然而作为年轻的小学数学教师，由于工作经验的缺乏、知识水平的局限性，刚入职时在教学过程中会遇到各种问题。这些问题既包括工作过程中涉及的专业教学问题，也包括在集体中如何处理好与其他教师、学生以及学生家长之间的关系问题。

因此要提高年轻教师的专业能力，入职实践过程是不可缺少的。

目前各类小学对于年轻教师入职实践工作都有一系列明确地要求，有比较具体的规章制度。

这些规章制度主要包括以下几个方面的要求：

（1）在实践目的方面，入职实践是要促进这些新入职教师能够在实际教学工作中进一步巩固专业思想。

（2）入职实践的基本要求方面包括：必须符合小学数学教师岗位职责的基本要求；工作态度端正、热情；服从单位工作安排；积极面对工作中出现的各种问题；保持良好的心态；保持良好的社会关系；等等。

（3）一般的入职实践计划包括：熟悉学校的各种规章制度；积极参与教学实践工作；有全局意识；熟练使用信息技术、教具的制作使用；收集教学过程中的各种信息；了解学生的情况；了解一般的教学工作流程；配合其他教师的教学工作；等等。

二、成长为骨干教师

随着新教师入职实践过程的完成，随着时间的推移、教学经验的不断积累和丰富，再加上持之以恒的专业成长，大部分教师都会成长为有经验的小学数学教师。这些经验丰富的小学数学教师不仅拥有丰富的教学知识和经验，能够得心应手地处理小学数学教学过程中出现的各种问题，而且具备更高的专业情感水平，更加热爱自己所从事的教学工作。

在这些经验丰富的教师中，还有一部分成为小学数学骨干教师。

之所以称为骨干教师，就像人体骨骼一样，脊椎骨是整个骨骼系统的支柱，如果没有了骨干，也就意味着这个集体将变成一团散沙。

骨干教师在教学集体中所起到的重要作用不言而喻。作为骨干教师，应该全面具备各种良好的素养，包括：在师德方面，应该能够在所有教师中起到表率作用；在专业知识方面，尽可能掌握更加全面的数学专业知识；在专业技能方面，能够兼收并蓄，形成有自己特色的教育教学方式；在专业情感方面，应该有高尚的专业情感，充满了对小学数学教学工作的热爱，有着激昂的工作热情、端正的工作态度。除此之外，骨干教师还要有良好的身体素质和心理素质，这是骨干教师在工作过程中身体力行的重要保证，是骨干教师在面对各种复杂教学问题的时候，能够控制自己的情绪和适应自我条件的基本前提。

三、成长为名师

骨干教师进一步成长，就可以称之为"名师"。所谓"名师"，指的是具有一定知名度的优秀骨干教师。

综合而言，名师的作用是促进所有教师的专业发展，帮助其他教师实现个人人生价值，给其他教师和学生做出表率。在教学方面，名师要促进教育教学的改革，提高教学质量，促进教学效率的提高。在教学团队的建设方面，名师要促进教师群体相互之间的合作和交流，引领教师开展教学和科学研究工作。在学校声誉方面，名师的存在也是高质量学校建设和发展的支柱。

成长为名师的途径包括：创建适合名师发展、培养和成长的环境；制订

名师成长计划；提供多种名师成长途径；建立健全名师管理制度；建立名师评价体系；等等。

在提供名师成长的途径方面，可以使用多种方式来进行，包括：成立名师工作室；在名师工作室的引领之下成立名师顾问团队；开展各种教育教学研究；开展数学科学研究；举办教学科研论坛；举办培训班；培养青年教师；等等。

第三节　进修与提高

一、小学数学与终身学习

从表面上看,小学数学涉及的数学知识比较浅显,因此,小学数学教师往往会认为自己都已经是大学本科毕业了,所拥有的数学知识已经远远超过了小学数学覆盖的内容,觉得自己不需要继续努力,不再需要学习了。这种观念是不对的。

首先,就小学数学知识本身来说,它是人类几千年从无到有的文明结晶。尽管我们现在在前人的基础上能够记住各种结论,但是要像古代数学家那样,从无到有地发现这些数学规律,难度还是比较大的。这实际上需要一个人花费一生的时间去思考和认识。

其次,小学数学教师要指导学生学习知识,促进学生的成长,这其中涉及儿童的认知发展心理学、教育学、计算机科学、文化艺术等多门学科的知识。另外,这些知识还在不断地发展,要深刻地掌握这些知识需要教师花费毕生的精力来进行学习。

最后,终身学习是一个哲学理念,它既是现代社会所形成的一种文化现象,也是国家提倡的人类生存与发展的基本方式。

二、继续教育

继续教育是促进小学数学教师专业发展的一条基本途径。和其他方式相比,继续教育这种方式显得更加直接、便于管理,学习专业知识和技能的效率也非常高。

为了满足小学数学教师继续教育的需求，目前专门设立了很多教师继续教育培训学校。

继续教育培训的方式也很多，包括系统授课、专题探讨、案例分析、参观考察、专题讲座、网络学习等。

总体来看，继续教育的形式越多，内容越丰富，对吸引教师积极参与进来越有良好的促进作用。

三、校本培训

小学教师的教学工作比较重，如果让教师脱产接受继续教育，可能会影响正常的教学工作安排。在这种情况下，校本培训可以很好地解决相应的问题。

校本培训是一种以学校为基础、面向教师的培训方式。在培训内容方面，校本培训可直接面向学校的需求，更直接地提高教师的专业知识水平和专业能力。

校本培训的方法很多，通常包括专家讲座、现代教育技术技能培训班、案例分析、教学研究、观摩优秀教师课例、交流教学经验、探究发现等。

四、政府提升工程

在促进教师的专业发展方面，除了学校的合理规划和安排及教师自身的努力之外，政府在促进教师的专业发展方面也起到了积极的推动作用。目前，各地各级政府教育部门都有相应地促进教师专业发展的政府提升工程。这些政府提升工程能够充分调动社会各界力量和资源的参与，促使各种教师专业发展计划能够更有效地落实下去。

政府提升工程一般包括以下方面。

1. 终身教育体系的建立

早在20世纪六七十年代，联合国教科文组织就提出了终身教育的概念，从此终身教育体系的建设也在世界各国被提升到了议事日程上来。

终身教育包括继续教育。通过政府提升工程来建立一个更广泛的继续教育体系，能够更有效地满足各层次教育机构教师专业发展的需求。

然而终身教育又不仅仅限于继续教育。终身教育更是一种理念，是一种理论的体系。政府提升工程还在其他各项基础设施的建设方面，如网络基础设施的建设、终身教育理论体系的建设、终身教育平台的建设等多个方面提供促进的措施，确保终身教育理念能够落实到整个社会的所有层面。

2. 广东省中小学"百千万人才培养工程"

百千万人才培养工程是由广东省教育厅和财政厅联合举办的。其目标是培养在师德、教学能力、知名度等方面有重大影响的教育专家类型的教师。

这项工程的实施可以有效改善专家型教师紧缺的状况，有效提高整体的教学质量。

3. 校长、教师能力提升工程

校长、教师能力提升工程有助于学校管理人员专业素质的提升。而学校管理能力的提升则是教育现代化的重要保证。政府工程的形式有助于调动其他部门的资源，包括财政支持、人才支持、基础设施建设支持等方面的因素，助力整个教育教学质量的提升。

4. 校本培训

除此之外，政府提升工程还十分重视校本培训。本校培训的方式应能够做到因地制宜，更好地结合实际的教学工作情况，为教师的专业发展提供最好的提升环境。与其他全市或者全省的统一步调的提升工程不同，校本培训更重视每间学校的特长，也更重视教育教学的实践。

第四节　工作室示范引领

一、名师指导

成立名师工作室是促进教师专业发展的一个重要途径，已被实践证实是一种行之有效地促进教师专业发展的方法。在一部分优秀教师逐渐成长为骨干教师，并成长为名师之后，这些名师反过来又引领着更多的教师走上骨干教师和名师的道路，并带来教师队伍质量的整体提升。

名师指导是教师专业发展过程中最直接的方法。因为名师本身也是从普通教师成长起来的，所提供的经验更加直接一些。另外，名师跟其他教师之间相互接触和交流的时间更长，因此能够更深刻地体会到一线教师的工作成果，在教师成长方面的指导自然更有针对性、更有实效性。

二、专家指导

高等学校教师具备丰富的教育教学理论知识。通过工作室引领，可以针对当前小学数学教师存在的问题，有目的地邀请有关专家来进行指导。

与名师指导不同，教育专家虽然并没有直接从事一线小学教学工作，但是他们花费了大量的时间和精力开展教育教学的研究工作。在教学研究的过程中，他们努力发现各种教育教学规律，开发出新的教育教学模式，总结出新的教育教学理论。因此，这些专家提出的观点能够站在一个更高的层次上来看待教育教学问题，起到"一览众山小"的作用。

小学数学教师长期从事一线小学教学工作，视野没有专家那么广阔。如果教师在自身专业发展的过程中获得专家的指导，就可以很好地弥补自己在理论知识方面的不足，从而促进自身的专业成长快速上升到一个更高的层次。

三、同伴互助

同伴互助是一种非常好的专业成长的途径。在日常教学工作中，教师之间存在频繁的互助，但是这种互助形式是自发的、随机的。

工作室的引领能够让这种同伴互助的专业发展方式变得系统化、规范化、常态化。例如，定期举办教学研讨会，教师可以在专业的场合进行思想的碰撞，获得对各种教学问题的更深刻的理解。

为了使这种同伴互助的形式更加生动有趣，工作室还可以通过举办教学竞赛、参观访问等形式促进教师之间的互助交流，实现教师队伍的整体专业发掘。

四、教学实践

工作室引领下的教学实践可以为教师专业发展提供一个行之有效的平台，包括让教师参与各种听课、评课，深入学习课堂教学知识，掌握课堂教学技能等活动。在参与这些教学活动的过程中，教师能够在其中对教学实践包含的各种规律有更深入的了解。

工作室能够促进各种教学平台的建设，包括在网络上建立网络工作室，指导教师开展网络远程教学活动，并提供网络远程教学的各种技术和理论方面的支持，促进网络教学和面授教学之间的有机结合。

在教学任务安排方面，工作室则可以为教师提供更多样化的教学任务。在工作室引领之下，教学实践变得更加丰富多彩，资源也得到了充分的利用。在安排多样化任务的同时，工作室也可以及时发现不同教师的特长，引领骨干教师的成长。

在教学实践中，工作室更重视引领提供深层次的教学服务保障。工作室能够更好地和高校、科研所、教研院、现代教育技术中心、教师继续教育学院等部门充分协调，组织不同类型的工作室专家团队，保障教学过程能够在理论导师、专家的指导下，充分调动各方面的资源，高效率地开展活动。

五、乡村振兴锻炼

乡村教育是整个教育体系中一个比较薄弱的环节。工作室的引领能够将城市的教育资源与乡村教育资源进行有效的平衡。

工作室通过安排优秀教师到乡村进行教学指导——"送教下乡",将先进的教学理念传播到乡村教育薄弱的学校中去。这样的安排不仅促进了优秀教师实现自身的价值,让优秀教师产生价值感、成就感,而且使优秀教师在个人专业情感上得到快速的升华。

安排乡村教师到市区学校参观学习,则能促进乡村教师开阔视野,获得先进教学理念的最直接的经验,促进乡村骨干教师的提升,进而带动乡村落后地区教师队伍的整体成长。

第三章

专业成长的思考

第一节　教师专业成长之路

一、理论引领

指导教师专业发展的理论非常多，最直接的专业发展理论涉及哲学、教育学、心理学、教育心理学等学科。

哲学是整个教师专业发展最顶层的理论。通过哲学层次的思考，教师能够对自身的专业发展过程有一个更加全面地认识。

教育学是教育学科的专业知识。在教育这样的一个大的学科范围之内，教育学提供了教育教学过程中的一般性规律，有助于教师牢牢地把握教育的基本规律、目的、过程和原则等。

心理学在教师专业发展过程中，提高了教师对学生学习认知规律的全面性了解，更深刻地理解和探讨了学生的心理发展规律，使教师在教学过程中，能够更好地传播数学知识，提高和发展学生的能力。

教育心理学则是教育学和心理学结合的产物，在教育的层次上来理解心理发展的规律。因此，对于小学数学教师来说，教育心理学的理论引领将更加直接。

考虑到教师专业发展的过程中还涉及教师的成长过程，因此认知发展心理学也可作为引领教师专业发展的一个重要理论。认知发展心理学研究的是一个人的成长过程，对人的成长过程进行了阶段性划分。其中，最著名的是皮亚杰的儿童认知发展心理学。学习皮亚杰的儿童认知发展心理学，有助于教师在专业发展的过程中，充分了解小学生的认知规律，更好地巩固和发展自己的专业知识和技能。而对于探讨教师自身的专业成长涉及的认知发展问题，则可以通过研究成人的心理认知发展规律来进行引领。例如，我国古代教育学家孔子就对人的成长过程有过非常深刻的总结。孔子认为："吾十有五而志于学，三十而立，四十而不惑，五十而知天命，六十而耳顺，七十而从心所欲，不逾矩。"对于一个小学数学专业教师来说，二十岁左右从事教师这个工作，开始入门。这个时候正是"志于学"的阶段。到了三十而立的阶段，意味着教师开始有了自己的一些理论构想，能够独立处理各种教学过程中遇到的问题。在四十而不惑的阶段，则意味着一个小学数学教师由于不断深入学习，不断专业发展，已经掌握了足够丰富的专业知识，积累了非常丰富的教学经验，这个时候，教师能够更清楚地认识事物发生发展的规律。

除了跟教学过程紧密联系的教育学等理论引领之外，随着信息社会的到来、各种学科整合的出现，小学数学教师可以依赖的引领理论更加丰富。

通过信息理论的引领，小学数学教师能够更深刻地理解课堂教学信息的传播模式，牢牢地把握教学信息的传播过程。

通过现代教育技术理论的引领，小学数学教师能够通过现代信息技术在教学中的应用，促进小学数学教学的改革，创建新的网络教学模式。

通过物理学、生物学、化学等多学科理论的引领，小学数学教师能够促进数学知识与其他学科知识融合，让学生在学习的过程中深刻地理解数学的意义。

二、积极探索教学策略和方法

从字面上理解，教学策略指的是教学过程的策划、谋略。从理论上来看，教学策略是教学设计过程中的一个重要环节。

教学设计的目的是使用系统的方法对整个教学过程进行整体的规划，寻找可能影响教学过程的各种因素，然后对这些因素之间的关系进行优化，使整个教学过程能够输出最优化的结果。

教学策略的设计是教学设计的核心环节。教学策略设计的好坏，直接影响后续的系列教学设计以及教学过程的结果。

为了能够设计出有效的教学策略，小学数学教师应该在正确理论的引领之下，深入教学过程，细致地分析教学过程中涉及的所有因素，然后使用系统的方法将这些因素进行分类、综合，以便获得一个可行性非常强、能够最大限度地优化教学过程的策略。

一个好的教学策略形成之后，就可以选择不同的教学方法来落实这些策略。小学数学教学过程中教师可以使用的教学方法很多。对于使用什么样的教学方法，一方面教师可以按照教学法的理论要求来进行选择；另一方面教师可以根据实际的教学过程，按照实际的教学需要来进行选择，甚至可以自己创新教学方法。

三、不断改进课堂教学

课堂教学是小学数学教学最重要的组成部分。作为一名数学教师，课堂教学效果的好坏直接取决于教师的专业发展水平。

一名优秀的小学数学教师能够有效地驾驭课堂教学。在课堂教学过程中，优秀教师在语言、教学设计、教学方法、教学手段、师生互动等方面的运用都可以达到理想的程度。

然而我们现在正处于一个快速发展的信息时代，科技社会发展信息瞬息万变，技术发展日新月异，每时每刻我们身边的各种人和事都在不断改变。十年前的学生能够使用电脑编写Basic程序已经是很重要的能力了。而现在的小学生普遍都具备了上网搜索信息的能力。教学内容的改变，学生知识结构的改变，这些都促使教师的课堂教学也在不断改变和提升的过程中。因此，即便是最优秀的教师，也都面临着需要不断改变自己的课堂教学方法的挑战。

小学数学教师可以从以下几个方面来改进课堂教学：

（1）深刻理解新课程实施的意义。

（2）努力提高自身的理论水平和实践能力。

（3）不断完善课堂教学。

（4）以学生为本，重视学法指导。

（5）创设轻松愉快的课堂学习环境。

（6）信息技术与课堂融合。

相信在不断改进课堂教学的过程中，教师本身的专业成长也可以得到快速的提升。

四、虚心学习别人的先进教学思想和经验

教师的专业成长是一个长期的过程。在这个过程中，教师还需要不断地与其他教师进行信息交流，特别是一些优秀教师的先进教学思想和经验，更是对教师的专业成长有着非常大的帮助作用，避免教师在专业成长的道路上走弯路，减少错误的发生。

学习别人的先进教学思想和经验可以通过多种方式来实现，包括但不限于：

（1）向学校中有经验的教师学习。

（2）听取专家、教授、名师的讲座。

（3）到兄弟学校、先进地区以及其他不同类型的学校学习。

第二节　他山之石

一、教学理论的研究者

我国师范教育体系现在越来越成熟，而在师范教育体系中从事教育教学研究工作的教授专家人数众多，这是教师专业发展获取先进教学理论和经验的最宝贵的资源。

小学教师进入高等院校听取专家教授的讲座，对于提高自己的专业发展能力有极大的帮助。

下面的这个案例给我们描述了一个小学数学教师听取北京师范大学专家教授讲座的感想和体会。

案例 3-1

在学习中发展——研修心得体会

广州市白云区三元里小学　崔婉婷

2017年12月14日上午我们听取了北师大教授对广州义务教育学校校长教师专业能力提升工程的细致解读，整个项目周期三年，三年中解决五个方面内容：特色（办学理念）、文化（核心价值观）、教师（基础+精英）、课程（大课程—专课程—微课程）、评价（学生+教师+学校+课堂）。

北师大教授详细解读了基地校工作细则，接着全部学员以学校为单位介绍学校文化，这次破冰活动促使学员们互相认识，从更多方面了解不同区域学校的办学特色，对于今后三年学校提升工程帮助很大。

2017年12月15日上午，我们来到北京市朝阳区润丰学校参观学习。学校全面培养孩子，挖掘潜能，把孩子培养成全面发展的人才。联合国教科文组织提出教育的四大支柱是学会认知、学会做事、学会合作、学会生存和发展。未来社会对人才的需求是具备创造性智慧、社交技能、利用人工智能技术的能力。我们参观了校园的场馆和博物馆，以现学校用心做教育，注重每个细节的设计，深感在这里读书的孩子真幸福。

2017年12月15日下午，我们听取了北师大教育学部袁桂林教授的讲座——特色学校建设与发展。特色学校的建设要发挥全体师生的积极主动性，如校训的产生不仅仅是校长的理念，更是让全校师生共同思考、充分发表意见和想法而产生，更符合学校的特色。学校的理念对于培养人才影响很大，可以从大数据分析。美国史蒂文森中学出现8个诺贝尔奖获得者，布朗克斯科学高中诺贝尔奖获得者2人，分析学校的重点课程和选修课程设置，发现学校对于创新人才的培养很重视。

袁教授列举了各类特色学校建设案例，学校特色发展也是解决制约发展瓶颈的过程，社会学家提出学校教育百年树人，评价的链条要足够长。

特色学校是具有个性化培养目标的学校。学校融入特定社会、自然和文化环境之中，遵循教育规律，进行有必要的课程开发。

2017年12月16日上午，我们听取了北师大教育学部郑磊教授的讲座——名校组织文化建设培训。郑教授从世界一流大学——哈佛大学的三顿饭故事说起，第一顿饭教授太太邀请教授们到家里吃饭，第二顿饭本科生请教授吃饭，第三顿饭图书馆馆长请教授吃饭，咨询需要购买的书籍。这是组织文化的共同体。三流学校做制度，二流学校做品牌，一流学校做文化；品牌不仅是功能，而是组织文化，是精神层面的。文化遍布人的周围，会影响个人生活以及工作的各个方面。文化经常被忽略，但又在关键时刻发挥作用，文化存在于各个层面的组织之中。

郑教授罗列了世界一流大学的核心价值观，培养人才理念各不相同，美国史蒂文森中学体现"手脑并用"教育观，从物质建筑和文化层面都会体现学校的文化、核心理念。我国一流大学清华大学的校训是厚德载物、自强不息，清华大学的建筑都是对称的；北京大学是园林式设计，建筑是不对称

二、兄弟学校的小学数学教育

除了从专家教授的讲座中汲取专业发展的先进经验、丰富自己的专业知识之外，还能通过参观访问，获得兄弟学校的先进教学经验，有助于我们更清醒地认识到自己的教学过程中存在的问题，找出和兄弟学校之间的差距。下文中的这个案例展示了在厦门和安徽两地小学参观学习的经验体会。

案例3-2

且行且思且进步——白云区小学课程改革专项培训厦门之行

广州市白云区三元里小学　崔婉婷

2018年6月3日下午我们一行45人顺利到达厦门北，下午5：30在会议室召开开班仪式，小学部副部长钟杏梅对组长和学员的表现表示高度认可，小学部部长邓蝶云对这次活动提出总体要求，提醒学员要珍惜学习机会，认真听取专家讲座，到学校参观交流学习积极参与互动。通过这次活动，学员进一步提高认识，引领学校教学改革，提高学校教师教学能力。

一、专家培训促提升

2018年6月4日上午我们听取了集美大学教师教育学院方元山教授的讲座：基础教育改革中的几个主要问题思考。第一个专题内容是课程标准——真的落实了吗？《基础教育课程改革纲要（试行）》指出："改变课程过于注重知识传授的倾向，强调形成学生积极主动的学习态度，使获得基础知识与基本技能的过程同时成为学会学习和形成正确价值观的过程。"教学要强调学生学习的过程和方法，教师不仅需要知道传授什么知识，还需要知道怎样传授知识，知道针对不同学生采取不同方法。钱伟长先生说："教师的教主要不是把知识教给学生，而是把处理知识的能力教给学生，这是最关键的。"

方教授列举了多个故事，如猎枪和干粮的故事，说明要给孩子猎枪——能力和方法，不要单纯地给孩子粮食——知识。教学并非教书，而是教学生读书，教学生会读书、愿读书、能读书。

教学要有问题意识、深入思考，所谓施教之功，贵在引导，重在转化，妙在开窍。教师要善于调动学生求思的主动性和积极性。方教授举案例美国教师讲解《灰姑娘》的启发式问：" 你们喜欢故事里面的哪一个人物？""如果午夜12点，灰姑娘没来得及跳上南瓜马车，会出现什么情况？""所以要做一个守时的人。""如果你是后妈，你会不会阻止她去参加王子的舞会？你们一定要诚实。""后妈不让她去参加王子的舞会，甚至把门锁起来，她为什么能够去，而且成为舞会上最美丽的姑娘？"从中看到教育要改变，教师要通过富有启发式思想的教学方法，使传授的知识、技能和情感等方面的内容，真正为学生所理解，内化成他们认知结构的一个组成部分。在学生方面，强调自学、自化、自得。

教育的价值是培养健全的人格，一种教育看重的是处于人的生命之外僵化的知识，一种教育看重的是人性和生命本身的东西。前者培养出来的人机械呆板，后者培养出来的人灵活而富有创新意识。

方教授第二个分享的主题是学习方式——真的改变了吗？倡导学生主动参与、乐于探究、勤于动手，培养学生各方面能力。所谓自主学习，指的是一种品质，庞维国将自主学习概括为能学、想学、会学、坚持学。探究学习可以获得理智能力的发展。而合作学习是指在小组或团队中为了完成共同的任务，有明确分工地互助学习。

新课程强调对学生的尊重、赏识，但并不意味着对学生要一味地表扬。学习方式中探究也不能泛化，反思我们的课堂：对于学生的质疑能力和好奇心培养还有待于加强。伟大的创造者身上都有两种特质：神圣的好奇心和内在的自由。爱迪生很有好奇心，他母亲不呵斥，跟他一起查阅书籍讨论，保护和培养了他的好奇心。好奇心才是创造的动力，才有爱迪生的伟大发明。

方教授跟我们分享的第三个主题是教学效果——真的取得了吗？课堂评价包括三个方面：一是课堂真而活，教学流程是顺学而导，教师活动是因学而生，学生活动是为我而学。二是课堂训练扎实，看学生学到多少知识，是不是愉快，能不能引发继续学习的意愿，启发更深入、更广泛的学习活动。三是课堂效率高，课堂每分钟都宝贵，看单位时间师生的投入程度。

衡量一节好课的标准如下：情境诱人度、活动刺激度、自主参与度、训练扎实度、建构生成度。

2018年6月5日上午我们来到湖里区教师进修学校。湖里区共有公办学校33所，民办学校17所。第一阶段是建模阶段：先学后教。"十抓"是：抓试点，促工作推进，实验校逐年增多；抓保障，促长效机制；抓学习，促观念转变；抓论证，促方向明晰；抓汇报，促改革推进；抓活动，促平台建设；抓交流，促成果分享；抓课堂，促模式建构；抓评价，促动力提升；抓反思，促提炼和改进。第二阶段：化模。多维互动，主题体验，历经8年的教学改革，突出学生学习的思维交互和深度体验，提高学生自主学习、探究学习及合作学习的效度。

接着我们进入互动环节。文老师希望知道对区域内如何评价促进教学改革。校长回应：重视教学常规，教学研习，并对此进行评比，期末通过片区检测，一学年每个学科都会抽测一次，语文、数学、英语提前三周或一个月通知，其他学科提前一周通知，横向比较，纵向自己比较，质量立时评价。钟老师提出：校本作业的优化、设计作业布置想请教湖里区的做法。回应：因材施教，我们国家课程校本化实施，符合学校校情，基于减负增效，关键要有针对性，来自教师设计，摘录优秀的教辅资料，校本作业不局限于纸质作业，也可以是课外研究。补充回应：对学校的评价有校本作业评价，实践操作层面，坚持检查，坚持课内练习，要有结合学生实际新情境的练习，练习要有层次性，逐步推进校本作业。

湖里区教师进修学校洪校分享：三级课程中值得研究的是校本资源，目前是初级阶段，不仅要关注校本资源的管理和改革深层次背景的因素，必须了解国家的教育方针，培养劳动者和接班人，还是要关注核心素养。最后邓部长说湖里区务实，教育理念先进，视野开阔，注重反思，成效显著。

二、学校参观长见识

2018年6月4日下午2：30我们来到厦门市思明区群惠小学参观学习。该校创办于1913年，目前有31个教学班，1560个学生，101名教职员工，学校占地6000多亩。学校于2016年9月启动"三位一体式"课程改革实验工作。我们在行政助理黄主任的带领和介绍下参观校园。接着，校长黄坚定为我们做题为"学校课程与学生发展"的讲座。学校文化的基本定位——"让教师拥有成功的人生，让孩子享有快乐的童年！"寄托着群惠人的办学愿景。学校编印《学生文化手册》《学生宣言》以及学生的成长文化。黄校长不仅介绍了学校安排的春秋游活动，出发前学生要做前期调查准备工作，社会实践活动后，学生要进行汇报总结，写研习作业；还介绍了学生"十项权利"。

黄校长重点介绍了学校校本资源实践研究，学校校本资源基于学校、为了学校，是学校在确保国家课程和地方课程有效实施的前提下，针对学生的兴趣和需要，结合学校的传统和优势以及办学理念，充分利用学校和社区的优质资源，自主开发或选用的校本资源，是基础教育课程不可或缺的内容。

2018年6月5日下午，我们来到厦门市实验小学参观学习，首先听取了一节课例《咕咚》。教师教学童趣，认识生字时，形象地认对一个字，葫芦就掉下来；朗读课文时，注重引导学生生动朗读。学生的兴趣很浓，紧跟教师一起参与学习过程。课件的设计简单实用，师生互动很好。教师还运用表演促进学生理解课文，学生学得很开心，整节课在学生兴趣高涨中进入学习高潮，学生在意犹未尽中学习写字："象"和"家"，语文课的学习感觉是在讲故事，也像是做游戏。

2018年6月6日，我们来到蔡塘学校参观学习，校长给我们做题为"一所外来工子女学校的教育嬗变——厦门市蔡塘学校建构'长效教育'办学简述"的讲座。德育：以德立人、文以化人，着眼于习惯养成教育，致力于学生的品行成长；着眼于德育文化建设，致力于学生的品格发展。"体验·感悟·成长"月主题活动：体验式品格教育，一周一体验，一次一体验，一事一体验。学校课堂改革的历程：教学案、合作课堂、互助小组、学习型展示、新优课堂，其中合作课堂把握得好，好的学生有展示平台，落后学生有学习参与过程，不断在原有基础上提高。学校最具特色的是走向"新优课堂"，创新课堂，教学相长，从六个维度（教学追求、教学特征、教学体验、教学关系、教学效益、教学技术）促进学生知识、能力、情感的共同成长。

2018年6月6日下午，我们来到北京师范大学厦门海沧附属小学。这是一所九年一贯制学校，有118个教学班，分为三个学部，一、二、三年级为第一学部，四、五、六年级为第二学部，七、八、九年级为第三学部。校园装修极具特色，每一个角落都富有育人文化。我们听取了蔡稳良校长的讲座：让

爱与兴趣在课程中发生。学校的四节体育课由多位教师项目分工完成，如一年级有一节形体课、一节乒乓球课、两节常态体育课，二年级是网球课，三年级是高尔夫球课，四年级是游泳课，体育课程的改革被认可。

三、分享交流促思考

本次培训最后一项活动是召开小学课程改革专项培训分享会。

第一组代表黄永红老师分享厦门市落实教学改革的经验，值得我们借鉴和推广，我们区的课程改革在行政支持下，最关键的是要培养发掘优秀师资队伍建设。

第二组代表萧智敏副校长分享的主题是：雄关漫道真如铁，而今迈步从头越。他在分享中提到教师是课程改革的第一资源，课程建设为学校发展注入新活力，他还结合白云区校情分享培训思考：特色课程构建和STEM理念融入课程的做法。

第三组代表龙凤婷老师分享的主题是：探索课改路，追寻育人梦。她提到课程改革需要温度、宽度、深度、效度，课程改革呼吁课堂成为点化和润泽生命的园地，学校成为有温度的校园。

第四组代表李泽贤老师分享的主题是：以仁心培育生命，用智慧开拓改革。他提到教育者应该拥有一颗仁爱之心，教学改革需要不断深化和创新，让课程、课堂、学校和学生活起来，使学生在智力、情感、道德、社会和身体等方面全面发展。

第五组代表钟艳主任从一点收获、一点启发、一点反思三方面进行分享，指出课程改革要重视教师教学观念更新、学生学习方式转变，学校要坚定不移地推进国家课程校本化，校本资源系列化，加强学科融合，落实高效课堂。

最后邓部长对我们这次培训进行小结，她说我们这次培训认识了一群有教育思想、教育情怀的高素质的校长，从中也找到了差距，对我们今后的工作有很大的启迪。

（2018年6月3—7日）

从上述参观访问体会中可以看出，参加白云区教育研究院组织的小学课程改革专项培训活动,参观校园并听取大学教授的讲座,名校长、名教师的专题分享、课例研讨、进修学校专家讲座、小组交流研讨汇报,等等,每次活动都对教师的学习提出明确要求,使教师参加学习活动更加有目的,收获很多,为教师回到单位后的教学活动注入新的养料、新的能量,激发教师深入思考教学改革,让教师感觉自己来到了厦门加油站,加油后马力十足,再次踏上征途、走上教改探索之路。

厦门的小学教育有自己的特色,地域不同,文化背景、风俗习惯也有一定的差异。下面我们再来看看成都一所小学的先进教学经验。

 案例3-3

成都跟岗学习报告

广州市白云区三元里小学　崔婉婷

我们来到成都参加北师大校长、教师能力提升工程精英班培训,第一天在盐道街小学通桂校区分会场参加2019全国小学校长学术峰会暨百年名校文化传承与教育创新学术交流会。教育部小学校长培训中心主任余凯,四川省教育厅副厅长崔昌宏,成都市副市长刘筱柳,锦江区委副书记、区长王乾为大会致辞拉开这次培训的序幕。

北师大教育学部张东娇做题为"学校文化建设基本路径:五步工作法"的讲座。五步工作法的必要准备,必要不紧急的工作需要与日常管理和重点工作相互结合。成立学校文化建设小组,进行校史资料收集和整理,选择诊断工具做好前期调研,召开学校文化建设动员大会,全面诊断,专业力量介入,采取小组工作日方式,工作日分五个环节:课堂观察、校园观察、分组访谈、校长汇报、头脑风暴环节。

教育部小学校长培训中心余凯主任做讲座指导团队创新,北京海淀区中关村第三小学刘可钦接着主持活动,成都盐道街小学罗晓航讲学校文化。上午最后一场是由李烈校长发言,她说,新的历史时代对文化的挖掘,往往立足于过去,盐小的融贯,教师的发展,不断改革,理念引领实践、融合,课程是学校改革的基础,以丰富的课程体验,鼓励师生自我表达、自我发展,让管理成为学生发展的动力。教师是专业工作者，是学校工作主体，实施以学术为团体建设、学术自觉的高水平研究，避免以成绩为导向，让学校发展理念为教师的发展助力。善治，管理落实以人为本，平等对话，以智慧创新为追求，让学校发展与个人发展和谐共同成长。

2019年10月11日下午我们听了湖北荆州方莉校长的学校文化建设报告，她从团队发展、弘扬文化等方面分享：落实"四制"激励教师专业发展，拓展活动，提供展示平台，弘扬尚真文化，促进学校发展。

成都师范附属小学黄敏洁校长探究了深化主体学堂研究的思路：认识儿童、发现儿童、发展儿童，主体学堂的成效，真实的学习，从儿童出发，让学习真正发生，完善学习。

第二天我们来到成都实验小学这所101岁的百年名校参观学习，学校以樱桃树为文化特色，组织了多项活动（如信息技术、网络课程、社团、厨师课程等学习体验均很有趣），并通过盖印章让参访者深深地记住了学校的实、勤、活、雅、新等文化特色。

我们在蒙彼利埃小学跟岗学习3天，该校校园环境很美，采用法式设计。学校目前共有49个班，2200名学生，148名老师，每年组织师生前往法国蒙彼利埃的成都学校交流学习，学生居住在当地人家里体验学习，教师代课交流，法国成都学校对数学课很感兴趣，因此对于数学课的交流比较多、比较深入。

学校师生走出国门，跟美国、加拿大等国交流学习。

学校没有统一铃声，每节课30分钟，每天10节课，教师教学任务重，教师办公室设在教室，全方位地管理学生。

每周五上午为校长接待时间，家长抢名额，家长跟校长沟通，可以对学校提建议，也可以针对自己的孩子学习进行探讨。

一年级新生入学前，学校会对学生家庭进行了解，是3口之家，5口之家，还是7口之家；不同的家庭结构，教师分别给予不同的建议；家长根据学校建议，利用暑假2个月时间规范行为，为入学做好准备。

新生入学前2个月不会谈到教学，都是全方位养成习惯，后期才开始教学任务。

从成都参访小学的学习情况来看，本次学习安排的课程体验很有意义，成都实验小学有实体学校和虚拟学校，实体学校占地18亩，虚拟学校跨地域、全时空，成为全球最大的学校，覆盖148所学校，1300个班级，近4000名教师。这次培训教师在学校中亲身体验学校各项课程资源，无论是参观校园的课程还是微课程中的教师"烟花鼓掌""掏钱包鼓掌"等，都体现了与众不同的创新，这也是教师在教学过程中追求的目标，对于小学数学教师今后的学校管理、教育教学、德育等方面都有很大的启发。对于未来学校建设的思考，分层推进，以年度为基准，一年一个主题，不断深化推向纵深发展。同时，教师也感受到了成都的教育在突飞猛进，大家都要继续努力，为本地的教育事业做出贡献。

下文所述华中地区的小学先进经验学习也很有代表性。

案例3-4

安徽跟岗学习总结报告

广州市白云区三元里小学　崔婉婷

在北师大校长培训中心的精心组织和安排下，我到安徽省合肥市望湖小学跟岗学习。望湖小学成立于2010年，占地2万平方米，现有46个教学班、2100名学生、1200名教师、分校洞庭湖校区目前有12个教学班，是72个班的教学规模。

一、我的所见

2018年4月15日上午，胡冬梅校长带着我们参观了本部校园，我们来到阿福童大街，看到了阿福童邮局、创客中心、银行、厨房和超市。来到学校展览馆，我们看到了学校的介绍短片，最具特色的是学生的阅读。学校的主题研习相当于综合实践课程。

学校功能场室比较全面，有音乐室、美术室、科学探究室、书法教室、体育馆、图书馆。图书馆很精彩，最具特色，李馆长向我们详细介绍了图书馆各个区域的功能。图书馆分为低年级学习区域、中高年级区域和教师阅读

区域,一路走着,走廊两边都摆着书籍供学生随时阅读,做到阅读就像空气一样,无处不在。

参观了学校本部后,李主任带我们来到分校参观。分校校园很大,功能场室更全面。

我们听了胡校长关于学校特色文化建设的讲座:让每个生命自由舒展。学校虽然建校时间不长,但是获得很多荣誉。舒展教育的基本内涵就是让人的生命舒展自由,即培养具有健康身心、尊重意识、创新精神和反思能力的人,包含健康、尊重、创新、自由。舒展教育的具体实践是把学校办成具有鲜明的阅读特色、充满成长气息和具有生命活力的省市内一流、国内知名的品牌小学。思路和策略着力打造"图书馆中的学校",创建"全阅读""文明礼仪"等特色校本资源,引导自学课堂状态——安静地倾听、独立地思考、大胆地提问、清晰地表达、积极地参与、温和地沟通。

学校办学以来制定了《合肥市望湖小学视觉形象管理手册》《合肥市望湖小学校园景观规划手册》,规范学校办学特色。开放办学,整合多元优质教育资源,形成学校、家庭、社会合作互助的良好局面,发挥三者联动的教育功能。探索合作互助型学校公共关系。学校有两个组织,分别是家长义工联盟、两级家委会;两种途径,分别是请进来(家长课堂、亲子工作坊、家长开放日、校长接待日),走出去(家访、社区行)。

我们再次来到图书馆上课,赵敏主任跟我们分享了学生故事,分享了从问题生到书虫的华丽转身故事,也分享了李玲老师从一个企业退休人员到图书馆专业人士的第二次人生,阅读如空气般重要且自然。图书馆既布置不同区域的主题研习,也组织各类阅读活动。

图书馆课程重点开展形式各异的教学活动,图书馆推广的难点是让每位教师视推动阅读为己任,午读课让每位教师成为阅读老师;书约周二,让教师走进图书馆;学科主题阅读教学研究,让阅读走进学科。接着张琳主任、叶晓燕老师和解丽丽老师分享了学生阅读的成长故事。

我们听了有关绘画课本故事的研讨课,利用绘画课本阅读教学研讨课《鱼就是鱼》、一(3)班种子研讨课、《双胞胎兄弟》、《动物的卵》。

二、我的所思

学校在主题研习方面做得很深入，全方位地培养学生综合能力，旨在改变教师传统的教学理念，通过探究式教学模式，让各学科教师彼此支援，发挥特长，共同找出教学方法，把各学科整合，不断提升学生搜集资料、整理理解、写作表达、合作探究等各方面综合能力。

学校通过课题研究的形式，让师生共同参与研究过程，结合生活实际、传统节日，在端午节到来之前，指导学生阅读有关端午节书籍，进行有关课题研究，并在研究中给学生搭建平台，展示课题研究成果，同时培养学生的成功体验。

最具吸引力的是优质图书馆的建设，从开办初期，进购的图书都是精挑细选适合师生的书籍，丰富多元的馆藏，种类多元。学校图书馆跟公共图书馆的不同之处在于支援学科教学，为了方便学生阅读、使学生喜欢借阅，学校有着便利个性的读者服务，借阅方式采用指纹借阅，学校在校门口附近设置了还书箱，一回到学校，就可以很方便地还书。这样学生就会习惯借阅、喜欢阅读。

基于这种思考，我们回到学校后，可以根据本校场地实际，安排一间小憩室，让教师可以自由阅读，交流学习心得，打造读书沙龙的好地方，从教师阅读培养学生良好的阅读习惯。

从上述案例中可以看出，做好精品学校、特色学校不在于做到全面，可以做好某一点，从一点延伸开来。望湖小学就是从图书馆开始进行校本资源建设，教师和学生一起参与阅读，让图书馆成为学校最具魅力的地方。图书馆不仅是阅读场所，而且跟课程有机融合，成为课程资源，充分发挥支持学科教学的功能，让教师自觉利用图书馆资源辅助教学，如阅读跟数学学科的融合，图书馆有一系列数学绘本、数学童话故事集趣味性很强的具有思维的数学故事，激发了学生阅读的欲望，在培养学生阅读前，教师提前阅读，同时也让教师增加了阅读量，有效地形成了浓郁的师生热爱阅读的良好氛围。

正如一位校长所说："让阅读就像呼吸一样自然，形成习惯，学校的特色文化就在阅读中自然而然形成了。"

现在的孩子在成人影响下,玩手机和电脑的时间多,而花在阅读中的时间少,教师把课堂教学搬到图书馆中,图书馆有效辅助学科教学,阅读就像一颗种子一样,在学生心中发芽、成长,逐渐形成习惯。随着阅读量的增加,孩子的思维水平不断发展,综合能力不断提升,同时创新能力也提高了。

案例3-5

杭州跟岗反思总结报告

广州市白云区三元里小学　崔婉婷

我们来到浙江杭州参加跟岗实践活动。杭州市上城区教育局项海刚局长做了题为"美好教育在上城"的讲座。教育的发展跟当地经济有关系,美好教育包括美好学生、美好教师、美好校园、美好家长、美好课程、美好评价、美好治理、美好保障。其中,美好学生以德为先,具有家国情怀,身心健康,品质优秀。

学校对于作业管理要重视作业的布置,落实作业的批改,强化作业的监控。教师对于布置给学生的作业一定要全批全改,这样才能了解学生学习的情况。

对于美好教师实行成长激励,全方位激励不同年龄阶段的教师及区学科带头人、区特级教师、省特级教师,班主任分为一星级、二星级、三星级。十佳团队辅导"金桂"奖、后勤工作"金桂"奖、特殊教育"金桂"奖,特级教师、名师工作室按照一个周期拨经费支持。

高品质的校园要留下历史的痕迹,让回到学校的师生找到当年的回忆,从而深深眷恋自己的校园。

对于美好家长,教育局做好星级家长执照;美好课程设置戏剧课程,集文学情感培养,未来视野是对生涯规划的课程,STEAM课程是理科综合,人工智能是沟通与交往课程。

实现教师专业发展的三维要素就是自我反思、同伴互助、专家引领。

周一至周四我们在浙江省教育厅教研室附属小学跟岗学习,该校建立于1992年,2003年4月更名为附属小学。田巧玲校长为我们做了题为"一所在改革中生长的学校"的讲座。学校吉祥物是优优，由孩子们自己设计，努力做最好的自己。

学校的发展历程分为几个阶段，其中的第四阶段是课程改革。优优成长课程体系分为基础课程、少年核心素养、拓展课程，其中拓展课程包括体艺特长类和社会实践类。

冯卫芳副校长倡导在校本研修中提炼出策略，学校要为教师创造好的研修环境。校本研修是让学校成为家，教师分层参与研修，每个教师都是研修的参与者，不同层次的教师承担不一样的角色，发挥不一样的作用，让每一个不同层次的教师都在研修中有个性的发展。通过研修，实现团队的合作、资源的共享。

数学科组活动在录播室进行，研讨内容是大数的读法，教师对教材进行解读，陈莉莉老师分享磨课心路历程，现场抽签确定团队中的一位老师上课研讨。教师让学生说学习单中读大数的方法，明确万级和个级读法的相同点和不同点，教学过程充分体现了学生学习的主动性和积极性。课后马上检测教学效果。

最后一天的活动是听取西湖区十佳教师潘校长的讲座，他认为一个好校长的标准是讲好故事、抓好管理、带好队伍、教好学生。听了他的心路历程，我深受启发。

项局长的发言幽默风趣很实在，给我们很大启发，他从自己的经历和学习谈起，充满正能量，作为一个中师毕业生，他在美国接受全英文学习，虽然中师时没有学习高中英语课程，但是他在工作中自主学习，超越了很多全日制大学生。他的情商也很高，他站得高，看得远，这次杭州跟岗培训的第一个讲座就给我们带来很大的欣喜，激发了我们作为教育工作者幸福的源泉，也激发了我后期工作的潜能，使我深深感到教育是幸福的。

本次跟岗项目组用心组织，让我们在短短7天收获良多，上课时起立，学生说："站如松"；坐下时说："坐如钟"。很多细节都展示了学校的用心教育，回到广州后我们可以把学到的好的做法在学校实施。

三、小学数学教育名师引领

除了兄弟学校的经验之外,名师的教育经验、教学风采也有助于提高教师专业发展水平。

与兄弟学校的教学经验不同,名师的教育经验带来了更多的反差。而这样的反差更有助于我们寻找出其中的差距,发现自己在教学中存在的问题。

案例3-6

上海宝山第一中心小学(导师潘小明)跟岗学习

广州白云区三元里小学 崔婉婷

在广州市教育局的组织下我们到上海宝山第一中心小学跟岗学习,得到名师潘小明校长的亲自指导。潘校长做了题为"问题解决的数学课堂转型"的讲座。问题解决与解决问题、应用题的区别,数学教学发展学生的数学思维,思维是由问题引起的,并且是在解决问题的过程中发展的,是别人不能代替的,数学教学以问题解答的方式进行。问题解决的方式是怎样的方式?主要过程是让学生产生问题、发现问题、试着解决问题,用自己的思维、经验去做,形成自己的想法,充分表达、展示想法,同伴交流、质疑,产生新的问题,课堂中产生问题,互动中产生新的问题,在这个问题链中不断地发展思维,形成问题解答的课堂形态。

我们跟潘小明校长一起把座位摆成抛物线的样子,所有教师共同研读教材:长方体和正方体的体积计算,按照顺时针座位顺序发言。这个活动形式非常好,潘校长通过讲座引出问题思考,接着我们针对某一个课例研读教材,进行《长方体和正方体体积计算》教学设计,在互动交流中进行思维碰撞。

下午潘校长执教课例《长方体和正方体体积的计算》,课后大家共同研讨。潘校长:怎样让学生产生问题?如何引导学生发现问题?在这节课中,出示了3个长方体,你想提什么问题?可以关注学生想知道什么问题,通过学生自己提问来解决,发挥学生的主体性。教师往后退一步,学生前进一步。教学行为的变化才是激发学生主动学习、创新思维的根本。教师让学生思考发现问题：长×宽×高中的"长×宽"表示的是什么意思？是底面积吗？不是一层的意思吗？一层是体积的意思吗？为什么"长×宽"不是体积？课堂中的质疑就是提出问题，在解决问题中又生成新的问题，接着又质疑，让学生的问题充分暴露出来，学生会认为"面积叠在一起就是体积"，这是错误的，有错就要解决这个问题。

我们听取了潘校长课例《三年级数学广角——重叠问题》。在课堂中如何设计好的问题，激发学生思考呢？一是研读教材，把教材隐形的东西读出来，促进学生思维发展。二是读懂学生，学生会怎样想，沿着怎样的路径思考，针对学生个体的差异应设计怎样的问题，让学生承担任务到达这个地方，学生的想法教师要学会引导。本节课的核心问题要关注，怎样有效地推进核心问题。三是如何展开核心问题进行教学。核心问题是怎样让人清楚看到跳绳、踢毽、既跳绳又踢毽的人数，因为这个问题既是学生的问题也是学生需要解决的问题，对于这个问题用圆圈来表示，这也是学生很想解决的问题。因此教学中有铺垫，课一开始，计算全部总人数容易出错，找原因过程中发现图画得不好，那么就要改进。三个圈的两种表示方法也是学生要解决的问题。

教师的导，课堂教学的序，课堂中学生活动始终是推进的。考虑学生的心理因素，教师在课堂中提问：有没有比3个更简单的？2个圈不就是我前面画的2个圈？课堂面向全体学生进一步提问："在这个图中，你还看到了什么？"不同的计算中体现了集合的不同部分，教学中思维发散，课堂的结尾"三年级共有多少人参加了跳绳、踢毽比赛？"答案不是唯一的。

学生问："这个育才小学还是原来的学校吗？"

对于不同层次的学生都要照顾，围绕核心问题推进课堂学习。课堂中让学生不断产生问题，在解决问题中学习。

通过名师的点拨、零距离听课、听讲座，面对面沟通，促使教师走出自身教学的困境，站在更高的角度思考问题。

四、其他类型学校的教学经验

其他类型学校的教学经验也是很有帮助的。下面这个案例提供了在一

所盲人学校开展数学教学的经验。作为一名教师，从中可以发现教学的多样性。这种多样性体现出了教学方法使用的灵活性。

案例 3-7

"听"出一个色彩斑斓的世界

广州白云区三元里小学　崔婉婷

广州市教育研究院小学数学科组织部分中心组成员到盲人学校进行教研活动，整个活动安排井然有序，活动环节包括参观校园、分年级听课、互动交流，参加活动的教师在短短的时间内收获满满。看到教室中的教师和学生，我感触颇深。

一、"听"中充满了对特教教师的崇敬

在教学过程中，我们也曾经遇到过特殊的学生，由于班级学生人数比较多，很多时候很难顾及特殊的学生，多数情况是通过家校合作尽力帮助他们，没有盲人学校这么专业，指导他们的学习和生活。

利用下课时间，我们参观了校园，学校人数不多，听校长介绍有300多人，但在盲人学校中属于人数比较多的。这里的学生大部分看不见，有极少数孩子有微弱的视力，因此这些学生没有见过五彩缤纷的世界，他们的眼中是一片黑暗。他们只能通过听力去感受世界，听周围人的描述，再通过触摸去感受。

盲人学校的学生是不幸的，但是入读盲人学校是幸福的，在教师的关爱下，他们健康自信地成长。我听的是一年级的时琴老师的课，时老师是一位很年轻漂亮的姑娘，认真对待教学，钻研不同的教材，并针对特殊的孩子，采用适合的方法进行教学。在交流互动中，我发现时老师很善于反思，她在教学中让学生折一折，体会长方形的对边相等，而学生对折后，得到的结论是："长边更长了，短边更短了。"时老师举着她课后新做的学具，在长方形的边中多了一排盲文点，细心的她让学生对折后，摸着有盲文点的边看看发现了什么，让学生把注意力关注到边的比较中。

我们听课的班级有10个学生，教师把他们分成3个层次教学，A类有3人，

能自主动手操作完成学习任务；B类有5人，在教师的帮助下能完成任务；C类有2人（多重生），要在教师和家长的帮助下才能完成任务。我们观摩教师的课堂，发现每个环节教师都兼顾到不同层次的学生学习，对于能力弱的学生，教师不厌其烦地教学。听到教师的教学和反思，我心里油然升起一股敬意，这么年轻的教师有这么严谨的教学，对于这些学生来说，是多么幸福啊。

二、"听"中感受到特教教师深沉的爱

盲人学校的教师，用深沉的爱帮助学生燃起生活的希望，让学生学习基础知识和生活技能，使学生长大以后能够自食其力，养活自己，成为对社会有用、对国家有贡献的人。

1. 燃起生活的希望

盲人学校的学生在社会中属于弱势群体，身体的残疾会给生活和学习带来很多不便。跟普通学生相比，如果教育不当，这些学生容易走向两个极端：一个是过分依赖别人，希望得到照顾；一个是产生自卑的心理，感觉自己不如别人。这两种情况对于学生的成长都是不利的。盲人学校的规范教学，使这里的学生能跟其他学生一样接受教育，贴心的环境布置使学生在这里行动自如，教师有专业的特教理论基础，教师敬业的精神使得学生的未来是美好的。有的学生通过中职的学习，掌握技能走向社会可以有一技之长；有的学生参加高考入读高校，毕业后怀着对母校的爱回来任教。这些典型案例，让来这里读书的学生和家长增加了更多的自信。

2. 基础知识的理解

盲人学校有专门的教材，学习内容也是义务教材学习的知识。为了让学生更好地理解知识，这里的教师比普通学校的教师付出更多。我们可以通过PPT和教具演示教学，而盲人学校的教师更多的是通过语言描述或让学生动手操作来学习。学生的生活经验有限，描述不形象，学生很难想象到事物的特征。因此，在这种环境下，教师的语言表达能力要很强，他们的描述要带给学生不一样的世界。我听了一节一年级数学课《平面图形的拼组》，对于普通学生来说，这节课紧密联系生活，生活中有很多物体的表面是长方形、正方形、圆形等，学生通过说、看、摸、听，很容易掌握。可是这里的学生，他们没有生活经验的基础，唯一的基础是手工课中剪纸的经验。时琴老

师通过她丰富的语言表达，带给学生愉悦的感受，让学生通过折一折、比一比，初步感知长方形和正方形的特征，这对于没有见过相关物体的一年级学生来说，已经很不容易了。日积月累，当这些学生成年后，学习的基础知识可以帮助他们进一步学习和工作。

3. 生活技能的训练

盲人学校为了使学生有更好的生活体验，提高学生生活质量，开设了定向行走、家政、手工、盲人按摩等课程，学生在学习基础知识的同时，也多了生活的技能。我看见这里的学生沿着道路能熟练地行走，这跟开设了定向行走课程有很大关系，这为学生将来走向社会打下了坚实的基础。

通过这个案例我们可以在"听"中体会到特教教师的艰辛。特教教师面对特殊的学生，需要付出更多的心血。我们在课堂中，可以把更多的时间留给学生去发现、探索。而特教教师很多时候都要用丰富的语言把自己看到的、感受到的事或物说给学生听，让学生产生共鸣。由于特殊的学生在社会中是少数的，因此从教人员也是少数的，相比普通教育而言，他们参加教研活动、观摩学习的机会更少，而学生的特殊情况又比较多，这样他们更要分析不同的特殊学生的心理，丰富教学经验适应不同特殊学生的教学。

第三节　教学研究促进专业成长

一、在修改文稿中促进专业成长

论文写作是教学研究的基础。新教师在从事教学研究工作的时候，会有很多想法，然而到了真正下笔撰写论文的时候，就会出现各种问题。为了提高自己撰写论文的专业能力，新教师应该尽可能向有经验的教师请教，获得宝贵的教学研究经验，努力提高自己的专业教学研究论文的撰写能力。

案例3-8

教研员对教师教学论文撰写的指导

广州白云区三元里小学　　崔婉婷

被聘为广州市特约教研员以来，从工作到生活，我在很多方面都得到了杨健辉老师的悉心指导，让我印象最深刻的是杨老师对我论文撰写的指导，他的指导使我在专业成长的道路上迈出了扎实的一步。

一、"小题需要大做"论文的撰写

杨老师曾对我说："课本中有很多好的练习题，老师们没有关注，有的小题是有大作用的，如九年义务教育教材二年级上册表内乘法第89页第3题，九年义务教育教材四年级下册三角形的分类第87页第5题，这类题有多种用途，从中写出一篇好的论文对于其他老师的教学有很大帮助。"他用了整整一个下午的时间指导我看题、分析，并指导我怎样撰写这类论文。在杨老师的帮助下我很快拟出第一稿，隔了两天后再次修改。过了几天接到杨老师的

电话,对"小题需要大做"提出修改意见。标题的修改就有三次。

初稿:课本练习需要"小题大做"

第二稿:"小题"需要"大作"

定稿:小题需要大做——用好课本练习题的两个教例

内容的修改:

初稿:

分析练习的功能:

(1)巩固表内乘法口诀。

(2)为以后快而准地进行除法的试商做准备。

练习过程设计:

(1)( )里可以填几?为什么?

例如,( )×4<29,括号里可以填1,因为一四得四小于29;括号里可以填2,因为二四得八小于29……括号里可以填7,因为四七二十八小于29。

(2)( )里最大能填几?为什么?

括号里最大能填7,因为四七二十八小于29。

(3)( )里为什么不能填8?

括号里不能填8,因为四八三十二大于29。

杨老师的修改稿:

在平常的教学中,教师通常是让学生找到答案匆匆完成填空而已。我们不妨来分析这道练习题的教学功能:

(1)为以后进行除法的试商做准备。

(2)有关乘法口诀的熟练训练和运用口诀解决实际问题的尝试。

本题被安排在乘法口诀表一节的练习中,因此我们认为此题更多的是兼有进一步熟练、巩固乘法口诀的作用,同时渗透运用乘法口诀来解决一些实际问题。为此,我们不妨将这样一个"小题"做大一些:一是将"一问"扩展到"三问";二是不但要"解出结果",还要"说出理由";三是先让师生共同研究一个例,再让学生仿练。

教学片段：

请同学们看课件出示的问题。

例：（　　）×4＜29

（1）在（　　）里可以填几？为什么？

学生解答后并说明理由。

S1：括号里可以填1，因为根据口诀一四得四，（1）×4=4，即（1）×4＜29；

S2：括号里可以填2，因为根据口诀二四得八，（2）×4=8，即（2）×4＜29；

……

括号里也可以填7……

（2）（　　）里最大能填几？为什么？

S1：括号里最大只能填7，因为1~7中，7最大，

S2：……因为根据口诀四七二十八，即（7）×4＜29，

……

（3）（　　）里为什么不能填8？

因为根据口诀四八三十二，（8）×4=32，已经大于29。所以在括号里不能填8。

……

请同学们类似完成其他五道练习，并反馈和讲评。

杨老师在回复我的邮件中语重心长地说道："①请继续修改；②与旧稿对照，学习此类文章应该如何写。"短短的两句话，里面包含了满满的期望。我反复比较前后的修改稿，标题的修改就有三次，我从中也学习到做了学问的严谨性。

杨老师站得高，看得远，做得实在。我在练习题的教学功能分析中只提到巩固表内乘法口诀，粗糙而且指向不明确。而杨老师修改后为乘法口诀的熟练训练和运用口诀解决实际问题的尝试，显然分析很细致准确。在片段设计中同样是提出三问，杨老师在修改后就能很清楚地描述学生的思路和说明理由。是啊，写文章不同于上课，写出来的内容要让人明白，有推广价

值,泛泛而谈就没有意义了。

二、"让练习课成为新授课的延续和超越"论文的撰写

提起这篇论文,我觉得有点难为情,因为这篇论文的撰写历时一年。杨老师指导我写分数的基本性质练习课教学设计,写完后杨老师提出修改意见,搁置了几个月后,杨老师指导我根据分数的基本性质练习课撰写"让练习课成为新授课的延续和超越"论文,根据杨老师的指导我写出了初稿,主要观点和内容如下:

(1)"三同"概念的理解。

(2)"同倍数"含义的拓宽。

(3)概念本质的理解。

(4)概念的运用。

①比大小。

②化成指定的分母。

杨老师对我这篇论文提出修改意见,认为我在理论表述时不太好,要加强理论学习,学会提炼观点。另外,在语言文字表达时要锤炼语言。杨老师的修改稿为:

(1)知识点教学要求分析。

(2)练习课教学任务分析。

(3)练习课教学若干片段的设计。

①做好新授课教学内容的延续与递进。

训练点1:进一步强化对"三同"要求的理解。

训练点2:扩展乘、除的"同倍数"的数之范围。

②实现对新授课教学内容的超越和提升。

训练点3:渗透分数的"等价类"思想。

训练点4:初步感受分数的"等价类"解决问题的作用。

把初稿与定稿进行比较,我从中找到很大的差距。我没有对分数的基本性质知识点和教学任务进行分析,没有教过这个内容的教师看到这篇论文会不明白其意图,而杨老师细致地分析了学习内容以及学习基础,再对教学片段进行分析并点明作用。这篇论文的撰写让我从中明白:论文的撰写要学会

提炼自己的观点，阐述观点时要全面、细致，而且逻辑性要强，可以是层层递进关系，也可以是并列关系。论点的表述要精练，有理有据，这样才能让人信服。

三、"对不同课型中练习设置的研究"结题报告的撰写

特约教研员课题结题要提交结题报告和课题研究成果。为此杨老师多次召开特约教研员会议，对特约教研员的结题报告反复提出修改意见。我提交了初稿结题报告后，杨老师回复我的邮件是："你要回答在不同的数学课中你是怎样设计练习的，为什么要设计，效果怎样？"即从新授课、练习课和复习课三个方面说明练习的设置，根据杨老师的意见，我重新修改，并具体表述研究过程和效果。摘要如下：不同课型练习的设置是不同的。新授课以基础题为主，题型主要是填空题、判断题、连线题、计算题和解决问题；练习量少，难度不大。练习课中强化某一项重要技能要围绕训练技能展开练习，重点要突出；若干点对比强化练习课是把容易混淆的概念对比列出，在比较中深化认识；题型的呈现主要以改错题、对比题、选择题、解决问题为主，练习题的数量比新授课大，练习有梯度，会有适量有难度的题目。单元练习课把单元内容分为几个模块，分类训练，特征是全面性、综合性强。题型以计算题、解决问题为主。复习课练习的设置综合性强，难度更大，要让学生在练习中举一反三，促进思维发展。练习量大，层次多、难度加强，题型更加丰富。不同的课型都有各自不同的学习任务，根据各自的学习任务，应该设置相应适合的练习，这样才能让学生通过各种课型的练习学会知识、培养能力、提高技能、发展思维，有效完成各项学习任务。

对不同课型练习的设置我就从题型设计、难易程度、练习量、练习梯度等结合教学实例具体说明，如对于练习课中练习的设置，练习量大、题型丰富，可以设置改错题、对比题、一题多变、多题同一种解答方法、解题技巧训练等。由于练习的难度加大、层次多，练习梯度第一层次练习量要减少，以第二至第四层次练习为主，适当出现第五层次拓展练习。

在小学数学复习课练习设置的研究中，我还就练习设计的主体和练习设计形式提出自己的观点，认为复习课是对学生学过的知识进行整理复习，因此练习的形式多样容易激发学生的学习兴趣，练习的形式可以是操作题、实

践题、出报纸、写数学日记、自编题目、完成纸质练习以及小课题研究等。

多次修改后的结题报告,我再将其与初稿比较,初稿显得很苍白,对于不同课型的练习只设置提出观点,没有对研究过程做细致、具体的表述,而修改后的结题报告观点明确、论据充分,显得有说服力。

在杨老师多次指导撰写论文中,我觉得写论文与磨课一样,需要多次修改,论文要有内涵才有推广价值。在今后的教学、教研中,我会继续不断积累、反思、总结、提炼,撰写论文,促进自己的专业水平不断提升。

二、换位思考发现教学规律

一些教学问题在表面上看起来是比较复杂的,但是如果我们能够换一个角度来观察该问题,就会发现其实复杂的表面下面蕴藏了非常丰富的哲理。

教学研究工作也是这样。如果教师只停留在表面的现象上面,就会陷入比较僵化的思维,无法跳出已有的条条框框。这就像是计算机中的死循环程序一样,无论如何运行,都无法跳出这个循环,自然也就无法探索发现各种新的规律了。

人工智能理论中,有一种叫作"模拟退火"的算法,该算法就是在一个神经网络算法陷入局部极小值,即所谓死循环的时候,给这个神经网络增加一些噪声信号。这样该神经网络就可以跳出这个局部极小值,并向全局最小值的状态运行。

教学研究也是这样,当我们在教学研究的过程中,发现自己陷入了思维"死循环",无法获得更有价值的成果的时候,就可以换位思考一下。这种换位思考的方式也可以是多种多样的,既可以更换研究的对象,也可以更换研究的角度,还可以更换用来佐证的实验材料等。

下面的这个案例给我们介绍了如何换位思考,用同数连减的方法获得除法的意义。

案例 3-9

运用同数连减　凸显除法意义
——《除法的初步认识》教学设想

广州市白云区三元里小学　崔婉婷

广州市教育研究院　枫叶

小学数学除法的意义是从二年级下册开始正式学习的,通过"平均分"引入除法的意义,表内除法则是依据乘除法之间的关系来学习的,我们知道除法是乘法的逆运算,但是低年级的学生却很难理解。因此,我们换一个角度思考,乘法是用同数连加来定义的,那么除法也可通过同数连减来说明其本质意义。

一、教材与教学情况分析

1. 从教材编排来思考

以人教版教材为例,一年级下册第六单元《100以内的加法和减法(一)》安排了"同数连减"的内容,二年级下册第二单元《表内除法(一)》开始学习《除法的初步认识》,在第六单元《有余数的除法》中学习除法竖式的书写方法,这个过程完成了除法意义的认识。教材编排见表3-3-1。

表3-3-1　教材编排表

教材	单元	页码	例题	学习的内容
一年级下册	第六单元	第77页	例5	同数连减
二年级下册	第二单元	第7~9页	例1至例3	平均分
		第12、13页	例4、例5	认识除法
	第六单元	第61页	例3	列除法竖式

一年级下册第六单元例5通过解决问题的形式呈现:28个橘子,9个装一袋,可以装满几袋?通过圈一圈,摆一摆,用减法计算,在复习减法中渗透"同数连减"的教学。二年级下册第二单元初步认识除法,例1至例3通过操作

理解"平均分",接着通过例4、例5认识除法各部分名称,会读写除法算式。二年级下册第六单元开始,学习除法竖式的书写,理解每一个步骤的含义。

从教材的编排来看,一年级下册渗透"同数连减",二年级下册初步认识除法,理解除法的意义并会列除法竖式计算。

2.教学实际中的偏差

一年级"同数连减"既是对100以内减法的巩固,也是除法认识的基础。但在实际教学中,教师会将"同数连减"与"除法的认识"这两部分知识脱节。教学二年级下册《除法的初步认识》时教师往往过分强调"平均分",而对"同数连减"视而不见,以至于许多教师在除法竖式教学中对于为何要书写和减去除数与商的积不得其解,不理解这就是从被除数中连续去掉若干个相同的减数的原理,从而造成了教学实际中的偏差。

二、开展低年段连动教学的设想

为了更好地凸显除法意义,理解除法竖式的计算,教学中把一年级下册"同数连减"、二年级下册《除法的初步认识》以及有余数的除法中"除法竖式"的学习有机整合为一个整体,把低年段的除法学习连动教学,更好地帮助学生理解除法的本质。教学设想框架如图3-3-1所示。

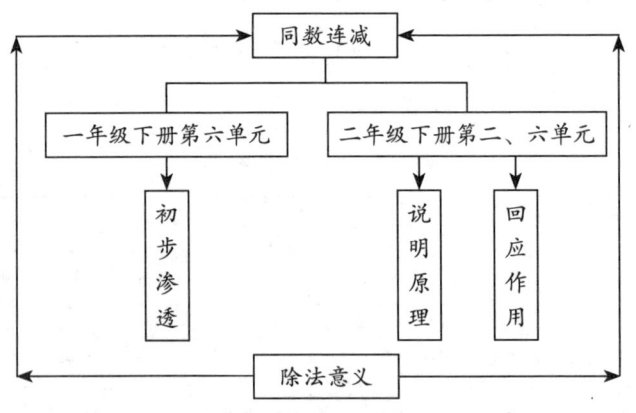

图3-3-1　教学设想框架图

一年级下册初步渗透"同数连减"的含义,二年级下册《除法的初步认识》中借助包含情境说明"同数连减"的原理,在有余数的除法中,书写竖式时回应"同数连减"的作用。把低年段除法的初步认识形成一个知识体系，将各个知识点串联成一条线，在每个知识点的学习中都要完成其特定的任务，为下一个阶段的学习做好充分的准备，而下一个阶段的学习同时又回应前面的知识点的作用。试举例加以说明。

一年级下册：28-9-9-9=1，渗透28连续减3个9，还剩下1。

二年级下册中除法的初步认识：12÷4=3可以表示为12-4-4-4，从12中减去3个4，正好减完等于0，说明除法算式中"同数连减"的原理。

有了学习基础，学生就比较容易理解二年级下册的除法的竖式。

在教学中，把除法的初步认识有关知识串联起来，一年级提前感知、渗透，二年级学习除法时，明确除法的本质是把一个数连续减去相同的数的含义，学习过程中可以结合操作理解，同数连减没有剩余就是刚好分完，那么就是没有余数的除法。同理，同数连减有剩余，就是有余数的除法，再通过列除法竖式理解算理，进一步明晰除法的意义是"同数连减"的本质。

三、几个片段教学设计

片段一：

学习内容：一年级下册第六单元第77页例5。

教师通过提问的方式让学生明确题目的条件和问题，用小圆片代替橘子进行操作。

师：9个装一袋，同学们可以圈一圈、分一分、摆一摆，看看能装满几袋呢？

学生操作，教师巡视并指导。

生1：我把9个放成一堆，这样放了3堆，可以装满3袋。

生2：我把9个橘子圈在一起，画了3个圈圈，就是装满3袋。

生3：我把9个圆片摆一行，我摆了3行，装满3袋。

生4：我9个9个地拿走装一袋，拿了3次，这样装满了3袋，还剩下1个。

生4回答时，教师同时板书从28中连续减去3个9，还剩下1。

师："生4"同学拿走9个，我们就从总数中去掉9，28-9-9-9，同学们发现了什么？

生：从28里连续减去相同的数9，去掉了3个9。

师：如果是7个装一袋呢？

生：28-7-7-7-7，正好装完。

师：如果是8个装一袋呢？

在例5的教学中放手让学生操作，让学生在操作中明白9个9个地装，就是在28中去掉相同的数9，即28-9-9-9，然后通过7个7个地装一袋，8个8个地装一袋，体会从总数中分别去掉相同的数，从28中去掉相同的数7，28-7-7-7-7，同样的道理28-8-8-8。最后让学生观察，9个9个地装一袋，8个8个地装一袋，都是相同的数连减的过程，初步体会"同数连减"的意思。

片段二：

学习内容：二年级下册第13页例5。

例5是在"同数连减""平均分"的基础上学习的。让学生操作每4个圆片分一份，能分5份，学生也可以通过画一画、圈一圈的方式得出结果，列出算式：20÷4=5，并认识除法各部分名称。

师：每4个放一盘，就是每次从总数中拿走4个，拿了5次，你还会怎样计算呢？

生：20-4-4-4-4-4。

师：对比20÷4=5与20-4-4-4-4-4，你发现了什么？

小组活动交流讨论。

小组汇报：

（1）每4个分一盘，就要去掉4个圆片，就是20-4-4-4-4-4，正好分完，拿了5次。

（2）"÷4"就是连续减去相同的数4，"5"就是去掉相同的数4的个数，共5个4。

教学时要使学生明白除数"4"的含义，"每4个放一盘"在除法算式中除数是4，在减法中就是从总数中连续去掉的相同的数"4"，"能放5盘"是除法算式中的商，在减法中是指减去相同的数的个数，这里是去掉了5个4。

教师的教学不能停留在会列除法算式、知道各部分名称上，要让学生明白除法算式的原理，让学生在对比中看到：除法计算的本质是从总数中减去相同的数，找到除法与"同数连减"的联系，从而帮助学生更好地理解除法的意义。

片段三：

学习内容：二年级下册第61页例3

学习例3时，让学生操作后列出算式：13÷4=3（组）……1（根），并学习竖式的书写。

师：竖式中的13、4、3、12、1分别表示什么？

生："13"表示有13根小棒，"4"表示每4根分一份，"3"表示分了3组，"12"是3乘4的积，"1"表示剩下1根。

师：为什么要3乘4呢？

师追问：每4根分一组，我们就从总数中拿走4根，还可以怎样列式呢？

生：13-4-4-4。

师：你从13-4-4-4这个减法算式中找出跟除法竖式的联系了吗？

通过教师的引导，学生在除法竖式中找到与减法的联系，13÷4实际上就是从13根小棒中每次拿走4根小棒，连续拿了3次，剩下1根小棒。对应除法竖式，明确"12"是每次拿走4个小棒，拿了3次，就是拿走了3个4根小棒，列式为4×3=12，那么就是从总数13里连续减去4即13-4-4-4，减去了3个4是12，得出结果。

再看竖式：

$$4\overline{)16} \atop \underline{16} \atop 0 \quad \cdots 16-4-4-4-4$$

同样的道理，这个竖式是从总数16中连续减去相同的数4，减了4次正好为0。学生在学习过程中，学习了除法的竖式，更进一步回应了除法是"同数连减"的本质所在。

乘法是从相同加数相加引入并定义，2+2+2+2+2+2+2=14，列乘法2×7=14或7×2=14，教材描述："这种加数相同的加法，还可以用乘法表示。"除法的初步认识，我们也可以与"同数连减"相结合教学，从而让学生理解除法的本质。教师应在教学中帮助学生找出加法和乘法、减法和除法之间的内在联系，从而让学生更好地感受除法是乘法的逆运算。

三、在微格点评中提高教研活动的实效性

要让教研活动更有实效性，有利于一线教师的专业成长，不能仅仅通过纪律约束、加强考勤的方式促进教师被动学习，组织教研活动时，我们可以运用多种形式让参与研修的教师主动学习、积极参与。微格点评是一种尝试，还有更多好的做法值得探讨，这也是我们后续要研究的问题。

所谓微格课，实际上是指"微型教学"，英文叫作Microteaching。这是20世纪50年代由美国斯坦福大学首先提出来的。这种教学方式是利用现代教育技术，主要是摄像机等技术将师范生或者实习教师的讲课过程录制下来，然后对录制下来的教学片段进行评价和分析，以提高师范生或者实习教师的教学技能的一种教学方法。

微格课通常具有持续时间短、规模小、讲课的内容片段化等特点，对于促进年轻教师的专业发展也是一种非常有用的手段。

微格点评则是尝试通过微型教学的方式，录制年轻教师的教学过程，然后请专家对年轻教师的讲课过程进行点评，找出其中的不足，提出相应的改进意见，帮助青年教师专业发展。

微格点评过程通常是通过多种形式让教师参与：看——录像课、教学设计、教学案例、微型讲座讲义；听——录像课、微型讲座、他人评议课例；研——研读教材；讲——对课例的看法；思——理论如何在课堂教学中实施；问——追问某个环节的课堂教学实施。在整个活动过程中，教师的学习是主动的，思维是活跃的，交流是互动的，经常聚焦于某个环节深入探讨，不断提高认识，研究有效的教学策略。

要提高微格点评促进教师专业发展的效果，通常可以注意以下几个方面。

1. 互动点评，集思广益

一方面，使用了微格点评方式之后，教师的主观能动性得到发挥，教师在培训过程中不是被动接受，不能开小差，要积极思考，多种感官参与培训过程。另一方面，教研活动中的教师来自不同地区，平时参加校本教研不同，自主学习的理论知识也不尽相同，接触的学生各有差异。教师在教研活动中观摩同一节课例，对于某一个环节互动点评，集中大家的智慧，在主持

人的适时点拨提示和追问问题下，深入研究某一个教学问题，有时会有豁然开朗的感觉。可谓是"三个臭皮匠，赛过一个诸葛亮"。

2. 聚焦点评，深化认识

学校校本教研活动一般观摩一节课例，然后集中评议。对于完整课例的评议，往往会忽略对教学细节的关注。以《倍的认识》这节课为例，微格点评通过播放"引倍"—"学倍"—"做倍"—"用倍"等方式，每一个片段播放后，会停顿，针对片段中的某个细节进行评议，评议中深化认识，探讨有利于学生学习的教学策略。

没有完美的课堂，教师在教学中都是当局者迷，而经常执教公开课、研讨课的教师会提高得很快，因为在研讨中会被发现不足，在修正中不断进步。教师聚焦"做倍"环节的评议，不仅仅是得出结论，更重要的是得出结论的过程以及教师板书留给学生的思考。

教研活动中聚焦于某一个教学细节点评，更能让教师在常规的教学中有新的思考和突破。

3. 活化点评，实践设计

教研活动中的点评不是单纯的评判，而是为了改进。通过点评发现问题，重新设计并运用到教学实践中，促进教学中的问题得到改进，也是研修活动的重要目的。

组织这样的教研活动，引领参与研修的教学骨干从理论点评中进入实践环节，通过现场设计、同一环节的教学异构以及模拟当小学生回答问题等做法，让参加研修活动的教师回到"心目中"的课堂教学活动去感受问题、发现问题，从而思考问题和解决问题。

第四节　科研促进专业成长

一、小学数学的科学研究

小学数学内容都是前人早已积累下来的宝贵的文明财富，表面上看已经没有什么需要再继续深入进行的科学研究了。然而这样的看法还是比较片面的。

自然界永远都蕴藏着大量人类所不知道的问题。这些问题都需要人类开展大量的科学研究工作才能够揭开其中的谜底。对于教师来说，要全面掌握这些基础知识，死记硬背各种结论，最终只会导致教给学生的知识是没有活力的。

教师在教学过程中，要对各种小学数学涉及的科学问题进行深入研究，像古代数学家那样，在研究的过程中获得结论，只有这样才能够真正将这些知识变成自己发现、创造出来的，最终再将这种科学家精神言传身教给学生，那么小学数学教学就不仅仅是教给学生知识了，还培养了学生勇于探索创新的精神。

小学数学教学的对象是可塑性强的少年儿童。他们的认知能力强，有强烈的学习新知识、探究未知世界的愿望。教师在开展小学数学教学的过程中，要将这些小学生看作小小的科学家，帮助、鼓励和促进他们开展数学科学研究，培养他们探究发现的精神，这对于小学生的健康成长也将会有很大的帮助。

与此同时，教师以科学研究带动教学研究，深入思考，积累教学素材，总结科研成果并进行推广，在促进自身专业发展的同时也为其他教师提供帮助。

二、课堂练习有效设置的实践——以"商的近似值应用"为例

教学改革要求课堂教学中教师精讲,学生多练,减轻课业负担,同时突显学生的主体地位,这就要求教师更加关注课堂练习的有效设置。在常态课中多数教师照搬课本练习题按顺序完成,在公开研讨课中教师会自主设计形式多样的练习以激发学生的学习热情;无论是教材练习题还是教师自主设计的练习都是难能可贵的资源,因为教材例题后的练习题是专家团队根据学生年龄特征精心设计的,而教师自主设计的练习是根据学生需要以及地域特点设计的。因此,在教学中我们要充分利用好这些资源,有效整合,合理设置课堂练习,这样才能发挥课堂练习的最大功效,优化课堂教学结构。

以教材五年级上册第39页例10"商的近似值应用"以及对应的练习九第41页练习题为例进行研讨。例10是在学会用四舍五入法取近似值的基础上,进一步学习用"进一法"和"去尾法"解决实际问题,感受这些方法的现实意义,增强学生应用方法解决问题的自觉性。

课堂练习中"对应练习"模块的设置,有助于学生及时巩固所学知识,帮助学生把新知纳入已有的知识体系,完善知识结构;"对比练习"则是帮助学生梳理知识结构,让学生在对比中明晰学习内容,突显对知识重点和难点的把握;而"综合练习"是帮助学生进一步深化对知识的理解,拓宽思路,发散思维,满足不同层次学生的需求,同时可以检测学生的学习情况。

(一)对应练习

1. 教师设计

教材是非常好的学习资源,现有的资源我们要充分利用,利用资源时我们要关注把课本练习放在课堂中合适的环节运用使之更加有效。也就是说,我们要合理设置课堂练习。教材中原有的练习题我们选择合适时机让学生完成,再根据教学需要和学生需求自主设计练习,这样可以使练习的效益最大化。

(1)选用课本练习。

例10第(1)小题是学习用"进一法"取近似值解决问题,例题学习后选择练习九第8题及时巩固所学知识,如图3-4-1所示。

图3-4-1　人教版五年级上册练习九第41页第8题

例10第（2）小题是学习用"去尾法"取近似值解决问题，学习后让学生完成练习九第7题进行巩固练习，如图3-4-2所示。

图3-4-2　人教版五年级上册练习九第41页第7题

教材中第7、8题图文并茂，吸引了学生注意力，符合学生的年龄特征，学完新课后直接选用及时巩固练习，把这两题穿插在新课学习后练习，比课后把两题同时放在一起让学生独立做再由教师批改效果更佳。课堂练习时按照例题"进一法"和"去尾法"取近似值的顺序做第8题、第7题，便于学生更好地理解"进一法"和"去尾法"取近似值。

德国心理学家艾宾浩斯（H.Ebbinghaus）研究发现，人类大脑对新事物遗忘曲线的规律是先快后慢。学完新知后，及时对所学的知识内容进行巩固，有利于加深印象，形成表象，提高认识。这里帮助学生对"进一法"和"去尾法"的含义和运算方法有正确的认知。在此基础上，让学生回顾小结学习内容，对比"进一法"和"去尾法"的不同之处以及实际应用的现实价值，提高学生对知识的理解和运用。

（2）贴近生活练习。

"进一法"和"去尾法"在生活中的运用很常见，只是学生年龄小，知识经验少，有时很难判别，这里可以选用一些实际例子让学生选择。列举教学片段如下：

师：请举牌选择求近似值的方法，如"1"表示"进一法"，"2"表示"去尾法"。

① 明明用2元钱买铅笔（每支0.6元），能买到几支？

② 一堆书共有100本，每个小朋友搬8本，需要几个小朋友来搬？

③ 五（1）班42人去坐船，每4人一条船，需要几条船？

④ 王阿姨每周可以完成1幅十字绣，她8月份完成了几幅十字绣？

设计的练习题不需要太多，把"进一法"和"去尾法"取近似值的实际问题交错设置，让学生根据实际情况进行选择。因为课堂时间宝贵，也很有限，因此这里不需要学生计算，只是观察题意思考选择是用"进一法"还是用"去尾法"求近似值更合适，突出知识的重难点。

2. 学生设计

学生设计练习既是对"进一法"和"去尾法"求近似值含义的进一步理解，也是激发学习积极性的有效措施。例如，学生会设计："我们班有43人，每4人一个小组学习，需要分成多少个小组？""苹果6元一斤，我有25元，能买几斤？"由于学生理解能力和生活经验有差异，设计时可以先请部分学生示范，然后分小组互相提问和回答，这个过程花的时间少但收效甚佳。

（二）对比练习

对比练习是突出重点和难点知识的课堂练习，通过对比理解"进一法"和"去尾法"的异同。相同的地方都是用除法计算，并且除得的商是小数，而结果需要取整数。不同的地方是需要思考采用"进一法"还是"去尾法"取近似值来解决问题更合适。下面列举不同情境、相同情境和新旧知识的对比更能明晰知识要求。

1. 不同情境的对比

（1）老师带30元钱到书店买科技书，每本科技书4.5元，可以买回几本书？

（2）610个乒乓球，每12个装一盒，需要几个盒子？

（3）26人去自驾游，每辆车最多坐5人，需要几辆小车？

2. 相同情境的对比

（1）610个乒乓球，每12个装一盒，需要几个盒子？

（2）小平带了100元买乒乓球，每盒9元，可以买回几盒？

（3）小平用17米红丝带包装盒子，每盒需要1.5米，可以包装多少盒？

3. 新旧知识的对比

（1）孙老师要用80元买文具，花了45.6元后剩下的钱买一些笔，每支笔2.5元，能买回多少支笔？

（2）小红家2个月用电650度，每个月用电多少度？

不同情境、相同情境和新旧知识的对比，是按照学生解决问题的难易程度来设置的。情境不同学生根据生活常识相对容易判断，研读练习题的问题就可以解决。例如，"可以买回几本书？"钱不够就买不到一本书，只能采用"去尾法"；"需要几个盒子？"剩下的不足12个乒乓球也需要用盒子装起来，"需要几辆小车？"学生知道为了乘车安全不能超载，剩下的一个人也需1辆车，这里都需要采用"进一法"取近似值。而在同一个情境中，如都是有关乒乓球的情境，"需要几个盒子？"是进一法，"可以包装多少盒？"是去尾法。同一个情境由于所需要解决的问题不同则需要采用不同的取近似值方法，学生更容易混淆，这样设置可以更好地帮助学生理解取近似值的具体应用。由于在前面已经多次练习了"进一法"和"去尾法"取近似值，因此"对比练习"的最后一个环节设置新旧知识的对比，让学生明确：现实生活中保留整数，不一定都是采用"进一法"和"去尾法"，有时用四舍五入法会更加接近准确值。这样设置练习，防止学生在学习过程中产生思维定式，有利于思维的发展。

要使练习更有针对性，凸显练习目标，那么设置练习时，有时不需要学生计算，能够判断即可；有时也可以让学生使用计算器辅助，当然也要安排其中的两题要求学生完整写出过程列竖式计算。教师可以根据学生的学习情况灵活处理。

（三）综合练习

综合练习可以检测学生综合运用知识的能力，由于本教例是研究新课学习的课堂练习，因此不宜过难。自编练习是结合学生身边的情境进行编制，更加贴近学生生活，让学生有亲切感；改编练习是降低教材编制的练习难度，让学生更加关注本教例学习的重难点知识。

1. 自编练习

我们学校平均每班40人,有14个班,组织秋游联系旅游大巴每辆车最多坐45人,需要租多少辆旅游大巴?

2. 改编练习

图3-4-3 人教版五年级上册练习九第41页第12题

教材第41页第12题改编如下:

科学家研究表明,城北50000平方米森林每周吸收31.5吨二氧化碳,今年8月份这片森林大约吸收了多少吨二氧化碳?

自编练习的情境是学生喜闻乐见,也很感兴趣的话题,为了降低计算的难度,突出取近似值的方法,这里把数据稍做处理可以直接口算学校总人数。虽然计算的步骤增加了,但是情境熟悉,学生大多数能够正确解答。

改编练习中把课本的"10000平方米的森林在生长季节每周可吸收6.3吨二氧化碳"直接用"城北50000平方米森林每周吸收31.5吨二氧化碳"表述,这样就出现了多余条件"50000平方米",但是计算步骤减少了,更聚焦取近似值的方法,有利于新课学习后的及时巩固。因为"这片森林大约吸收了多少吨二氧化碳?"并不需要准确结果,学生采用四舍五入法或把8月份看成4周或用"去尾法"解答都是可以的。数学知识是严谨的,但具体解决问题的方法是灵活的。

本教例列举了"商的近似值应用"课堂练习的设置,从中可以看出学生的练习内容丰富,有效地减少了学生课后的作业负担。综上所述,课堂练习的设置既要关注练习的设计,也要关注练习摆放的环节,以突显练习的功效。设计练习时还要综合利用有效资源,可以是课本练习、教辅资料练习或教师自编练习,合理有效地整合资源,同时也可以减轻教师的负担。

三、解决问题练习设计的有效性

教材知识点多,解决问题知识的学习显得不够深入。在例题学习时由于情境图的直观显示,学生似乎明白了,可是完成练习时,好像又不明白了。教材的练习题包含的内容广、题量少,学生学习知识显得不够扎实,有必要补充练习,以弥补新教材练习的不足。

(一)解决问题练习设计的操作策略

为了提高解决问题练习设计的有效性,要充分考虑各方面的因素,调动学生学习的积极性,重视练习设计主体的多元化、练习设计形式的多样化,所呈现的素材内容丰富多彩,不断促进学生的可持续发展。

具体练习设计的操作策略如图3-4-4所示。

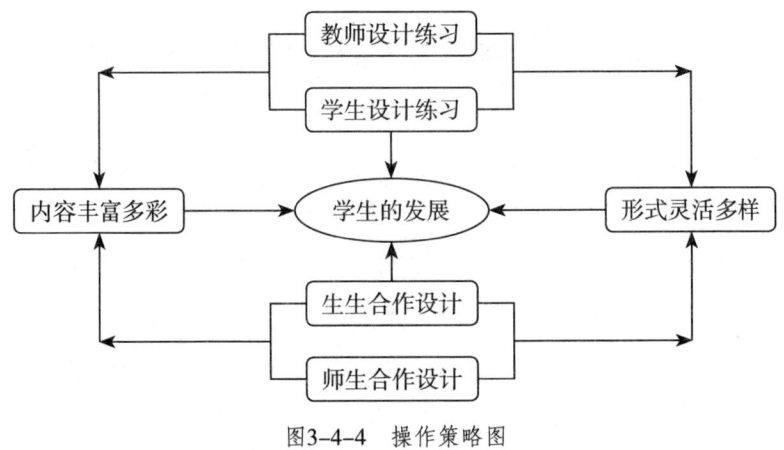

图3-4-4 操作策略图

1. 练习设计的主体多元化

(1)教师设计练习。

解决问题练习设计以教师设计为主,根据学生的学习情况,设计各种练习巩固所学的知识,促进学生发展。

充分运用现有的教材资源,不仅课堂中安排学生进行相应的练习,而且对于教材中设计比较灵活的题目,不断进行变换,以供学生进行练习。例如,学习约分后的练习:小明第一天睡觉时间显示是9:00,第二天早上起床时间是6:00,问他每天大约有几分之几的时间处于睡眠状态?学生解决问题时都先求出小明的睡眠时间。方法多种多样，有的学生是直观数出来，有的学生是计算出来，体现了解决问题策略的多样性。学生对这道题很感兴趣，我趁热打铁："你们知道他每天大约有几分之几的时间处于醒的状态？""他每天上午8时上课，12时放学；下午2时上课，4时放学；他一天中有几分之几的时间是上课时间？"学生听了很高兴，一起参与进来："小明晚上6：00开始做作业，9：00做完；他晚上有几分之几的时间是在做作业？""小明早上吃饭半小时，中午吃饭半小时，晚上吃饭1小时，他吃饭的时间是一天时间的几分之几？"我话锋一转："我们可不可以把小明一天活动的时间记录下来，制成统计表，看看他每一项活动时间分别占一天时间的几分之几？"学生这时积极性很高，思维很活跃，马上动手完成这项练习，在不知不觉中，学生多次运用约分的知识解决问题。

当然，教材中的练习不能满足学生巩固知识的需求，教师要设计有趣的练习，刺激学生的大脑，使学生的学习状态能比较长时间维持在兴奋状态。我设计的练习以学生身边的事情为主，商场买衣服是常见的现象，利用这种情境，帮助学生灵活解决实际问题。六年级学生学了百分数后，我设计了综合性题目：

天气转冷，妈妈星期天带我去商场买衣服，我看中一件原价80元的衣服。妈妈问售货员姐姐有没有优惠，售货员姐姐说有两种优惠措施：一种是可以比原价便宜15%卖给我，另一种是可以送一件15元的背心给我（背心的价钱是打折后的价钱），请你们帮我想一想，选择哪一种优惠措施更合算呢？

在实践练习中，我把题目中的"我"改成本班学生名字，学生觉得很亲切；题目中说明送的背心是打折后的价钱，是因为我在实践中，学生对此有争议，说背心不值15元，那么就很难判断这道题答案了，于是我就加上这个条件。学生觉得很有意思，竟然找出6种不同的方法解决这个问题。

教师设计学生喜欢的练习跟备好一节课同样重要，实际练习时不断给学生惊喜，让学生有新鲜感，学生会经常盼望有好玩的练习题做，这样完成练习无形之中成了教师对学生的一种奖励。

（2）学生设计练习。

学生设计练习是一种辅助形式，目的在于激发学生的学习兴趣，使学生积极主动地参与练习活动。一般情况下，我安排学生设计练习是在星期六和星期天，时间充裕，不会增添学生负担。教师设计的练习知识性强，学生设计的练习具有童趣、图文并茂，好像在叙述一个个童话故事，引人入胜。学完通分、比较分数大小后，我布置学生自己设计练习。

学生甲设计的练习：

唉，不好啦！蛋宝宝吵架了，大家快去看看吧！走！咸蛋宝宝说："我们每天可以卖出总蛋量的$\frac{1}{4}$。呵呵！"鸡蛋宝宝说："我们每天可以卖出总蛋量的$\frac{12}{28}$，怎么样！"咪咪说："这可麻烦了，到底哪种蛋卖出的总蛋量多一些呢？"咪咪不会算，你能帮咪咪算一算吗？

学生乙设计的练习：

星新水果店老板说："今天我卖了$\frac{3}{4}$的水果。"胜佳水果店老板说："今天我卖了$\frac{5}{6}$的水果。"粉碧水果店老板说："今天我卖了$\frac{2}{7}$的水果。"问题：谁卖的水果多一些呢？谁卖的水果少一些呢？

平时教材或教师设计的练习稍难一些，学生便有畏难情绪，不肯思考。可是学生自己设计的题目拐弯抹角，他们解决问题就不嫌麻烦了。例如，在学完长方体的认识后，学生丙设计了练习题"长方体小城市"：

用110厘米长的角铁焊成一个长方体框架，长是宽的2倍，宽是高的1.5倍。粉色小天使说："这个长方体的长、宽、高各是多少呢？哈，细心审题，相信不会难住你！"

站在教师的角度观察学生作品，显然不够严谨。学生甲的练习设计咸蛋宝宝和鸡蛋宝宝是包容关系；学生乙设计的练习，没有说明这三家水果店的总量是一样的，单位"1"不同，很难进行比较。可是，学生设计的练习纯真可爱，深得学生自己喜爱；而且，学生巩固练习通分、比较大小、长方体的认识，其目的已经达到了，这与教师设计完善、严谨的练习异曲同工，有时甚至效果更好。

（3）生生、师生设计练习。

新课程标准中提到，合作交流是学生学习数学的重要方式。组织生生合作、师生合作设计练习，培养学生与人合作的意识，学会与人交往。

将学生设计的优秀作品推广使用，学生会很自豪，觉得自己设计的作品有价值。如果学生设计的作品很难达到预期的效果，为了提高练习设计的质量，教师可以组织学生合作设计；如果仍然有困难，教师可以协助，即师生合作设计。具体的操作流程如图3-4-5所示。

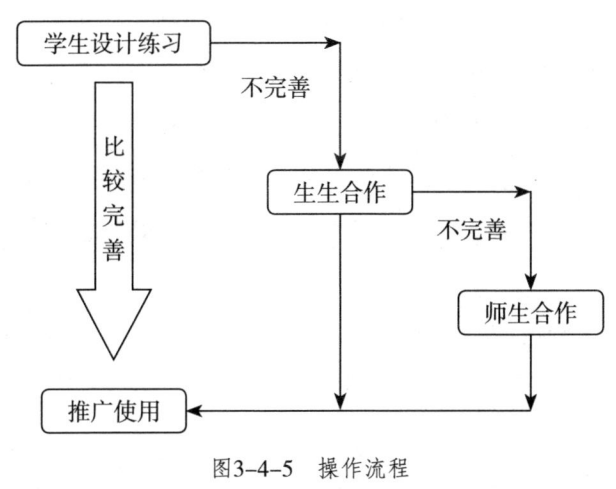

图3-4-5 操作流程

学生丁学习通分后设计的练习：

从25张卡片中任意抽取一张，如果抽中数字"26"的可能性是$\frac{2}{5}$，抽中数字"36"的可能性是$\frac{3}{5}$，写有数字26的卡片多还是写有数字36的卡片多？

学生丁自己解决问题时是先通分：$\frac{2}{5}=\frac{10}{25}$，$\frac{3}{5}=\frac{15}{25}$，再比较大小的。我问她："分母已经相同了，需要通分吗？"我建议她把练习设计为异分母的，否则思考的空间不大。也许是当局者迷，她不知从何入手。她找到好朋友龙晓仪共同设计，把$\frac{3}{5}$改为$\frac{3}{7}$。这时我提醒她们："如果抽中数字'26'的可能性是$\frac{2}{5}$，抽中数字'36'的可能性是$\frac{3}{7}$，那么这里应该还有一种卡片哦。"她们显得无所适从，我和她们合作继续设计：抽中数字"16"的可能性是 $\frac{6}{35}$，这三种卡片，哪种卡片抽中的可能性最大呢？哪种卡片抽中的可能性最小呢？

生生合作、师生合作不仅可以促进学生发展，还可以促进学生进行情感的交流，使师生、生生之间的交往更加和谐。

2. 呈现的内容丰富多彩

练习呈现的内容丰富多彩，容易吸引学生的注意力，符合小学生的年龄特点。设计的练习是学生身边经常接触的数学问题，是在生活中看得见的数学，学生觉得有趣，喜欢做。三年级上册在学生学完只含有一次进位的笔算乘法后，我设计了如下练习题组：

星期天，小宇一家五口（爷爷、奶奶、爸爸、妈妈和小宇）开车去购物中心玩，吃完饭后，碰见了他的同学小晴，小晴也是爸爸开车带他们一家五口出来玩。

（1）画一幅画25元。小宇画了两幅画，小晴画了一幅画，他们共用了多少钱呢？"

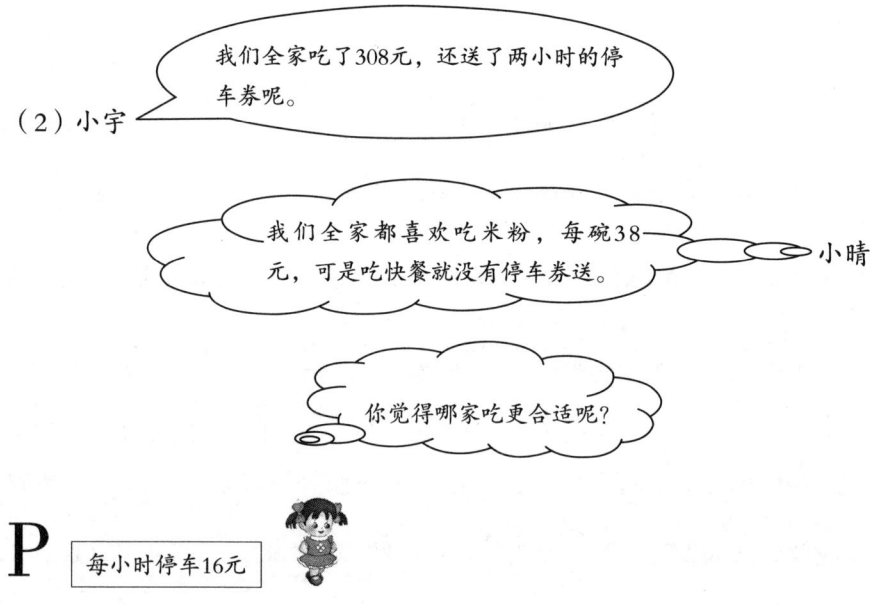

小宇和小晴一起去购书中心买书。

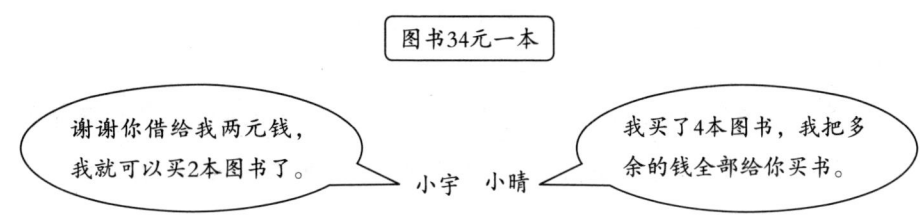

想一想：小宇和小晴自己原来各有多少钱呢？

我在设计这个练习题组的过程中，不小心被学生发现了，学生蜂拥而至，争先恐后要做这些练习题。我把这个练习题组提供给学生做，学生非常喜欢，效果很好。我对学生做这个练习题组的情况进行统计（表3-4-1）。

表3-4-1　学生做练习题组情况统计表

题号 数据 调查类型	第一题	第二题	第三题
受欢迎程度/%	97.8	100	100
解决问题正确率/%	100	91.3	86.96
学生解决方法/种	3	2	1

由于这个练习题组呈现的画面美观、形象，所以学生的注意力高度集中，受外界的干扰少，即使出现了隐藏条件，学生也能找出来，而且运用自如。

根据学生好奇、爱新鲜、注意力集中时间短、接触社会面窄等特征，教师在设计练习时，尽量不要脱离现实生活，画面要新颖有趣、直观形象。随着学生年龄的增长，可以设计直观与抽象相结合的题型；学生身临其境，容易感受练习所表达的含义，能够理解题意，才能顺利解决问题。

设计练习时，要以教材例题和练习题型为主。但是几次作业之间，要迎合学生的不同口味，设计有趣的题目。练习设计的内容面要广，选材要丰富；选取的材料可以是学生家里发生的事情，也可以是出外玩、逛街的内容，还可以选取在学校、班级发生的事情；编成数学故事，在数学故事中隐藏数学问题，提供给学生解答，在学生没有意识到是在做作业时，完成数学作业。

童话、寓言故事都是学生喜欢的内容，将这些穿插在练习设计之中，别有一番情趣。

另外，练习设计的内容有时要超越学生现有的知识水平，使学生通过练习，在知识和能力上得到提高。根据心理学"最近发展区"理论，让学生"跳一跳，摘果子"，学生才能不断进步。

3. 练习设计的形式灵活多样

练习设计的形式，以往一般以书面完成教材练习为主，辅助完成购买的练习册。课改后练习设计的形式层出不穷、多种多样，本文从传统的练习设计和课改后多样化的练习设计两个方面进行探讨。

（1）传统的练习设计。

传统的练习设计形式相对比较单一，教师根据课堂教学学生的学习情况，完成对应的练习以及拓展练习。练习的形式主要以课堂中学生的口头回答、笔头作业为主，低年级的学生通过游戏、"开火车"等形式巩固所学的知识。

根据德国心理学家艾宾浩斯研究的遗忘曲线"先快后慢"的特点，学完新知识后，及时加以巩固，对于学生理解知识、培养能力是很有好处的。在继承传统练习设计形式的前提下，课改后对于练习的设计有所发展，形式灵活多样，学生完成练习的积极性会高一些。

（2）课改后练习设计的形式。

课改后练习设计仍然以设置书面完成教材练习为主。为了激发学生完成作业的兴趣，教师增加动手操作、实践活动、编写数学小故事、写数学小日记、进行小调查研究、独立或合作完成小课题的研究等形式，学生对于采取多种形式设计练习充满了新鲜感，总会猜测教师今天会给他们布置哪种形式的作业。练习设计的形式孰优孰劣，很难区分，学生喜欢的程度是衡量好坏的一项重要指标。

为了了解学生对练习设计形式的喜爱程度，我选择几种常见的练习形式做了一项调查，根据调查的结果，可以改进我以后的练习形式设计。我调查的对象是广州市小学数学第一届使用新教材年级的部分学生，调查的是五（3）班和五（4）班。调查前，我强调：完成教材练习题这种形式，可以巩固我们所学的知识,是基本的练习形式。学生选择自己喜欢的练习形式时,可以单选其中一项,也可以多项选择自己喜欢的练习形式。经过调查,学生喜欢的练习形式统计见表3-4-2。

表3-4-2 学生喜欢的练习形式调查情况统计表

形式 数据 班级	完成教材练习		动手操作活动		实践活动		数学小故事				调查研究		小课题研究	
							平时完成		假期完成					
	人数	百分率/%	人数	百分率/%	人数	百分率/%	人数	百分率/%	人数	百分率/%	人数	百分率/%	人数	百分率/%
五(3)班	28	74	8	21	34	89	14	37	38	100	36	95	10	26
五(4)班	27	68	19	48	33	83	5	13	37	93	28	70	20	50

五(3)班38人   五(4)班40人

调查结果显示,大部分学生乐于接受传统的练习设置,可以完成教材练习和购买的同步练习,但是,学生更加喜欢实践活动和调查研究。不过,我在调查中发现,喜欢动手操作和数学小故事的学生比较少,与我想象中不一致。爱玩、好动是孩子的天性,我很奇怪地询问他们。某学生说:"动手操作和数学小故事是好玩,可是平时没有那么多时间来玩,我情愿布置教材练习做,花的时间少。"由于学生各科作业比较多,我平时布置的课外练习都比较少,因此赢得了学生的好感,学生比较愿意完成数学作业。当我把数学小故事安排在假期完成,五(3)班的学生喜欢的程度由37%升到100%,五(4)班的学生喜欢的程度由13%升到93%了。由此可见,学生喜欢新颖有趣的练习。至于小课题研究,学生感觉独立完成难度太大,进而采取合作的形式完成,放学回家又不方便。

我一直在思考,练习的设计形式灵活多样,怎样更好地安排,才能有效促进学生的可持续发展。布置教材中的练习题和同步练习,可以比喻为在家里吃饭,吃的时间久了,要调整口味,换换吃饺子、面条或者出去吃。那么教师在设计练习时,有时进行实践活动,有时做调查研究,或者在假期里写些数学小故事、小日记,通过多种形式的练习,不断增加学生的新鲜感,让学生在充满乐趣中完成数学作业。

4. 有利于促进学生的发展

练习设计的内容、形式不断变化，主要是增加学生对做练习的好感；而练习的目的不仅是巩固基础知识、培养能力，更重要的是发展学生的思维，从而促进学生全面发展。

（1）学生思维的发展。

数学是思维的体操，训练学生的思维是数学学科的任务之一。对学生思维的训练贯穿在数学整个学习过程中，数学练习是训练思维的主要途径。解决问题练习的设计，新颖有趣是外显的表现形式，内在要体现思维训练。只是停留在好玩有趣之中，练习的设计就失去了本来的意义。练习的设计要激发学生思考，促使学生运用分析、综合、比较、抽象和概括等思维过程进行思考，培养和发展学生的直观动作思维、形象思维和抽象思维、聚合思维和发散思维、直觉思维和分析思维、常规性思维以及创造性思维。

例如，五年级学习了分数大小比较后，设计情境解决问题：

晚上，我们一家三口看电视吃苹果。妈妈削了一个苹果，我吃了这个苹果的 $\frac{2}{3}$，爸爸吃了这个苹果的 $\frac{1}{3}$，妈妈没有吃，你知道我们家谁吃得多？谁吃得少吗？

这个问题放在五年级学完分数大小比较后练习，不能激发学生思考。同样是这个情境，修改后：

晚上，我们一家三口看电视吃苹果。妈妈削了一个苹果，我吃了这个苹果的 $\frac{2}{5}$，爸爸吃了这个苹果的 $\frac{9}{25}$，剩下的给妈妈吃。你知道我们家谁吃得多？谁吃得少吗？

很显然，修改后的练习设计，需要学生分析问题。我们在进行练习设计时要不断地激发学生思考，促使学生在分析问题、解决问题的过程中发展思维。

（2）不同的学生有不同的发展。

《数学课程标准》的基本理念中提道："不同的人在数学上得到不同的发展。"因此，在设计练习时要有层次性，考虑不同知识水平学生的需求，既要照顾知识和能力比较落后的学生，让他们在解决简单问题中得到满足感，增强自信心，又要关注智力水平比较高的学生，设计一些开放性练习，在完成学习任务的前提下，设计一些拓展题和开放题奖励给学习能力强的学生做，让学生在充满荣誉感的情况下完成数学作业、提高能力、发展思维。

（二）解决练习设计要注意的问题

（1）建立相应的评价制度。在学生完成练习后，根据学生做作业的态度、能力高低、完成练习的质量，给予不同的评价，促进学生更好地学习。

（2）在练习设计过程中，要有意识地与学生沟通，多了解学生的想法，做学生的良师益友，不要站在学生的对立面，要让学生明白：教师所做的一切都是为了学生的发展。

四、小学数学课堂练习有效设置的研究

1. 问题的提出

课题组教师在课堂教学实践观看他人课例、以及研究他人的教学设计、案例和论文中发现：教师设计的练习在不同课型中会重复出现，同一个基本题型，在新授课中练习，因担心学生学习知识不扎实，又重复出现在练习课和复习课中，提供给学生反复练习。这样加重了学生的学习负担，容易使学生产生厌倦情绪。

有的教师为了体现练习的层次性，在新授课、练习课和复习课中都多次布置拓展题。新授课上学生刚接触新知识，需要有一个吸收、巩固、内化的过程，只有把新知识纳入自身的知识体系才能融会贯通地理解知识，运用知识解决问题，因此在新授课中多次出现拓展题是不合适的。

看到上述各种情况，课题组教师深有感触：各种不同的课型都有各自不同的学习任务，根据各自的学习任务，应该匹配相应的练习，这样才能使学生通过各种课型的练习学会知识、培养能力、提高技能、发展思维，有效完成各项学习任务。

本课题通过一线教学实践研究以及研究他人的教学课例、教学设计、案例，在分析比较中不断积累过程性资料，得出结论，初步形成理论概括，丰富和完善小学数学课堂练习有效设置研究的有关理论，对于今后教师执教不同课型进行练习设计具有参考价值。本课题由于研究涉及每一节课例，普及

面广，对于一线教师的教学具有推广价值。

2. 解决问题的方法

（1）文献法。

丰富的教育文献资料积累了人类宝贵的精神财富，课题研究不要从零做起，应该在前人研究的基础上继承和发展。吸收他人好的经验和做法对于本课题的研究具有参考价值。

（2）案例研究法。

本课题是"对小学数学不同课型练习设置的研究"，采用的主要研究方法是案例研究法。研究中会收集、整理教学案例，对于课题研究掌握第一手资料，反复比较、在比较中进行规律性总结，得出课题研究的结论。

（3）经验总结法。

在研究过程中，特别是研究过程的第三阶段，要全面细致地对课题研究有关经验、做法进行总结，为推广课题研究成果提供依据，同时提高实验教师的实践能力和教科研水平。

3. 解决问题内容

（1）小学数学新授课中练习设置的研究。

在小学数学新授课中，适量的练习可以有效巩固学生对知识的理解和运用。练习的设置不宜过难，否则难以有效地增强学生自信心。练习题型可以为填空题、判断题、选择题、连线题。练习的设置要精而少，练习的梯度不宜过大，如果把练习分为五个层次，新授课练习的梯度设置为第一至第二个层次比较合适。

新授课中练习的设置，以基本题型为主，练习呈现的内容是学生身边丰富多彩的生活，容易吸引学生的注意力，符合小学生的年龄特点，让学生觉得有趣、喜欢做，进而达到练习效果的最优化。

（2）小学数学练习课中练习设置的研究。

练习课是以培养和训练学生技能技巧为主要任务的一种课型。要突出"练"，练习设置就显得更重要。练习课按照不同阶段划分为新授课后的练习课、强化某知识点练习课、单元练习课和复习阶段练习课。练习课的练习量比较大、题型丰富，有改错题、辨析对比题、一题多变、多题同一种解答方法、解题技巧训练等。练习的难度有所加大、练习涉及的层次多，不过第一层次的练习量要小，以第二至第四层次练习为主，通过有变化的题型练习巩固知识，帮助学生理解知识。根据学生练习的情况，练习课中要适当出现第五层次的拓展练习。

（3）小学数学复习课中练习设置的研究。

复习课练习的设置要求更高，体现为练习设计综合性强、练习设计主体多元化、练习设计形式多样化，所呈现的素材、内容丰富多彩，不断地促进学生的可持续发展。

题型种类多，包括填空题、选择题、判断题、练习题组、对比题、改错题、计算和解决问题。练习梯度以第二层次至第五层次为主，尽量不出现第一层次练习，如果要复习第一层次练习，那么就要巩固多个知识点设计综合练习。

复习课练习设计的主体多元化，如教师设计练习、学生设计练习、师生合作设计练习。通过练习设计形式多样化激发学生学习的兴趣，练习的形式有操作题、实践题、出报纸、写数学日记、自编题目、完成纸质练习以及小课题研究等。

4. 成果主要内容

不同课型练习的设置是不同的。

新授课以基础题为主，题型主要是填空题、判断题、连线题、计算和解决问题；练习的数量比较少，难度不大，适合大多数学生学习，基本上不会出现拓展题。

练习课中强化某一项重要技能要围绕训练技能展开练习，重点要突出；若干点对比强化练习课是把容易混淆的概念对比出现，在比较中帮助学生深化认识；题型的呈现以改错题、对比题、选择题、解决问题为主，练习题的数量比新授课大，练习有梯度，会出现适量的有难度的题目。单元练习课把单元内容分为几个模块，分类训练，特征是全面性、综合性强。题型以计算、解决问题为主。

复习课练习的设置综合性强，难度更大，要让学生在练习中举一反三，促进学生思维发展。这时练习量大，层次多，难度加强，题型更加丰富。

不同课型中练习的设置程度、题型和要求都是相对的，根据学生具体学习情况而定。同样是基础题，有时可以出现在不同课型，只是练习呈现的形式应有所区别。例如，新授课中的基础题会以解决问题的形式重点练习，而在单元练习课中出现的基础题量就很少，可以采用判断题、选择题等简单的形式出现。

5. 效果与推广

（1）效果。

① 减少重复作业，激发学习兴趣。

通过对小学数学在不同课型中练习设置的研究，新授课、练习课和复习课要匹配适合的作业。我在收集的教学案例、教学设计中发现有的练习会重复出现在新授课、练习课和复习课中。把练习设计分为基础练习、变式练习、综合练习和拓展练习这几个层次，教师在不同的课型中都会重复出现这几种练习，我抽取了50份新授课练习设计、200份练习课教学设计和50份复习课教学设计进行调查分析，具体调查数据如图3-4-6所示。

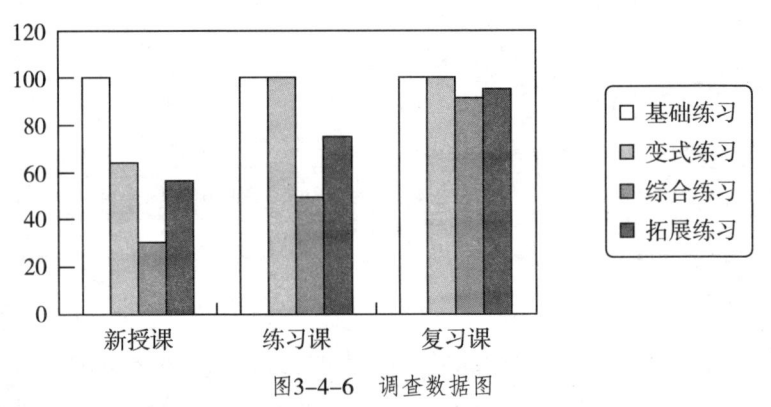

图3-4-6 调查数据图

基础练习在不同课型中所占的比例是100%。也就是说，不同课型中都设置了基础练习。变式练习在新授课中占64%，在练习课和复习课中都占100%。拓展练习在新授课中占56%，在练习课中占75%，在复习课中占95%。基础练习、变式练习和拓展练习在不同课型中出现的概率都比较高，综合练习在复习课中所占的比例高，在新授课和练习课也占有一定的比例。很显然，这会导致学生的练习量加大，而这种反复练习对于学生的学习帮助不大,如果学生对新授课基础知识还没过关,拓展题的练习对学生尤其是对学习困难的学生来说压力很大,无形中增加了学生的学习负担。于是在我自己任教的班级中进行实验、研究,高年级是在六(1)班和六(3)班进行研究。在六年级复习课中,对于新授课中直接应用法则、性质的题目尽量不出,即使出现也是以判断题、选择题的形式简单完成,这样学生对数学学习有好感,学习的兴趣更大。低年级是在二(1)班进行研究,新授课多次出现的题目,在练习课中会少出现,减少重复作业,减轻学生学习负担。在这3个班中做问卷调查时发现,课题研究作业布置调整后,学生对于数学作业的布置满意度提高了(表3-4-3)。

表3-4-3 数学作业布置学生满意度调查表

结果 实验班	实验前喜欢数学作业		实验后喜欢数学作业	
	人数	百分率/%	人数	百分率/%
六(1)班41人	32	78.05	39	95.12
六(3)班42人	27	64.29	41	97.62
二(1)班40人	29	72.5	40	100

学生对作业布置满意度提高了,喜欢做作业,学生有了兴趣,才更有积极性去完成作业,效果会比较好。

② 培养能力,发展学生思维。

通过开展课题研究,新授课以巩固新知的练习为主,避免拔高要求;练习课中机械模仿作业减少,让学生动手、动脑完成数学练习,在完成练习中,提高学生能力,发展学生思维;复习课中让学生自己发现规律性知识,并应用这些规律性知识解决实际问题。这样,学生在完成不同课型练习的过程中,知识在积累,能力在提高。运用课题研究的成果,课题组教师执教各级各类研讨课都获得了在场听课教师的好评,课堂教学中练习的设计有层次、不重复,符合学生认知水平,学生的学习兴趣很高。

③ 教师的专业水平得到提高。

在开展课题研究过程中,课题组教师查阅大量资料进行理论学习,提高理论水平,从而更好地指导课题研究。本课题主要采用案例研究法,只是在

任教班级中开展研究是远远不够的，数据比较少，没有说服力。因此，教师在教研活动中要有意识观察、收集材料。课题组教师在做评委工作时，收集教师设计的练习，结合课堂教学实践，比较、研究后得出课题研究的结论。由于有了理论提升和实践研究、学习，课题组教师的专业水平不断提高，撰写课题研究的相关论文、教学案例和教学设计，并取得一定的成绩。

通过实践研究，课题组教师撰写的《课堂练习有效设置的实践研究》《课本习题的选与用》《运用同数连减，凸显除法意义》《注重点评，引领研修》等论文发表在各类期刊中。

（2）成果推广。

课题组成员温绵雄、谢慧敏、李江英、何丽媚、肖红和蔡敏珊来自不同的学校，他们在不同学校推广课题研究成果。

① 三元里小学成果推广。

在实践研究中，我们对教材习题进行调整、组合、补充，使之具有层次性、针对性、多样性，精心设计课堂练习，练习设计形式新颖、层次分明，尽可能减轻学生学业负担。

② 汇侨一小成果推广。

本课题研究在减轻学生学习负担、激发学生学习兴趣方面收到明显效果。练习设置难度呈阶梯式、螺旋而上，体现了练习的针对性和层次性。有效设置练习，练习题目贴近学生生活，学生很感兴趣，练习效果好。

③ 广铁五小成果推广。

课题成果不仅培养了学生思维能力，还使学生获得了认识生活的一般方法和策略。课堂练习知识点难易适当，层层深入，许多来自生活的练习设计、操作性强的设计、活动形式的设计及小组合作的安排设计等，极大地提高了学生的学习兴趣。

④ 陈田小学成果推广。

陈田小学数学学科在常规课堂教学中践行本课题研究，以研促教，在实践中为课题研究积累资料，提供研究样例。课堂练习的有效设置提高了课堂教学效率，培养了学生思维能力，使课堂教学效益最大化。

（3）反思。

①课堂练习有效设置的操作策略分析。

不同的课型要设置不同的练习。练习的设计要有趣味性，不能追求练习量大；练习的设计要有针对性，同一节课根据练习的需要出现多种题型，让学生有新鲜感，即使是练习课和复习课练习量也不能太大，不能加重学生学业负担。由于我们是大班教学，每一种课型在关注大多数学生的前提下，还要照顾"吃不饱"的学生的感受，如为新授课中"吃不饱"的学生，额外准备练习纸，适当补充练习。

②课题研究数据收集要加强。

课题组教师是一线教师，对于不同课型练习设置的研究，主要是课堂教学实践、听其他教师的课例以及查阅相关案例进行研究。由于学校事务性工作比较多，精力有限，研究的内容涉及的范围很难全面，主要是对收集的材料进行分析。虽然已经结题，但课题组教师还会继续研究，争取在更大范围内收集数据进行案例研究，使得结论的应用更具普遍性，推广的价值更大。

第五节　形成教学风格

一、教学风格的内涵

教学风格是指教师在教学活动中所表现出来的特色。这种特色集中体现在教师的个人修养、专业知识、专业技能和专业情感等方面。

教学风格实际上也是教师自身个性和世界观的体现。

一个人在成长的过程中，到了青年阶段就已经开始形成自己独特的个性。然而对于专业发展来说，青年教师刚入职的时候主要还是遵循教科书上的要求，努力将书本上现有的教育学思想、教学方法应用到实际的教学过程中去。

而教师的专业发展到了专业成熟的阶段之后，就慢慢的开始形成自己的专业个性。这种专业个性是指经验丰富的教师在实际的教学过程中，面对各种不同的社会文化和教学环境，形成系统、完整的教学思想、方法和评价体系。当教师运用他自己独特的教学思想和方法开展教学活动的时候，他会感到得心应手，教学效率和质量都可以得到显著地提高。

当然每个人都有自己的世界观，专业教师也不例外，他们也有自己的世界观。这种独具个性特色的世界观也就决定了教师自己的教学风格。教师会按照自己的世界观来组织各种教学过程。

二、教学实践中形成自己的教学风格

教师要形成自己的教学风格，就需要在教学中不断实践，不断经历和尝试，面对各种问题的挑战。

一名青年教师要形成自己独特的教学风格，通常需要经过以下四个步骤。

1. 学习模仿

一个没有任何教育学、心理学知识的人是不可能形成自己的教学风格的。作为青年教师，在一开始的时候由于对教学过程的认识不够深刻，需要不断努力学习教育学和心理学方面的知识，提高自己的认知能力；在教学实践的过程中，需要虚心请教有经验的教师，可以尝试进行模仿，以达到快速提高自己的教学技能的效果。

2. 选择甄别

经过深入学习专业知识和模仿有经验的教师教学过程之后，青年教师或多或少可以获得有关教学风格的基本认识。这时候就需要对其中的一些教学风格进行甄选，保留那些适合自己的教学风格。对于那些不适合自己的教学风格，也不能简单抛弃，而应该仔细分析，为什么这样的教学风格其他教师应用起来得心应手，而到了自己这里却又会遇到那么多问题。

相信对于青年教师来说，不断地举一反三，最终总是能够选择出适合自己的教学风格。

3. 抽象概念化

教师一旦选择了适合自己的教学风格，这时候就可以将其抽象化，形成抽象的经验，以概念的形式存储在自己的大脑神经网络之中。

而这种概念体系的形成，也就意味着一个人的教学风格，至少在理论上已经有了比较完整的框架。这种完整的理论框架最终将指导他今后所有教学的实践过程，这也意味着教学风格形成了。

4. 重新输出

如果只是形成理论上的教学风格，显然是不够的。教师的教学风格能否真正促进教学过程，还需要投入实践，用实践来检验。这是教学风格的重新输出过程。只有在不断的教学实践中获得反馈信息，然后不断地对自己的教学风格进行改进，才能促进自己的教学风格不断完善，并最终上升到教育理论的层次。

三、教学风格的升华

下文给出教学风格提炼和升华的案例，相信将有助于教师理解，其教学风格的形成过程是怎样的，如何将自己的教学风格升华到更高的层次？

案例3-10

教学风格提炼

广州白云区三元里小学　崔婉婷

我的教学风格：

尊重学生、亲切自然，与学生和谐相处，构建民主、协作的学习环境。教学中运用语言表达、肢体语言与学生进行思想、情感的交流。信任学生，课堂中学生能独立完成的让学生自主做，不能独立完成的合作做，合作都不能完成的由教师指导学生做。充分利用好课堂每一分钟，让学生动手操作、互动交流，积极参与课堂学习，课堂的学习简单而快乐，使学生在这个简朴、真实的情境中，静静地思考，思维活跃、灵活地获取知识。

简约——摒弃不必要的"浮华"，回归本真、有数学味的课堂；教师少说，学生多做；教学语言简洁、精练；教学手段、媒体使用恰当、有效，简约而不简单。

自然——尊重学生的身心发展规律，崇尚自然，不哗众取宠、不束缚学生的童真，平实中有内涵，使学生的创造力得到发展。

灵动——安静的课堂中有颗灵动的心，教师的启发性语言，学生的互动交流、操作，多样化的教学方式，激发了学生的学习热情，促使学生视野开阔、思维活跃。

不断深入学习过程，也让教师的教学风格变得更加简约、自然和和谐。在这种良好的教学风格的指导下，学生的思维活动被有效拓宽，学生的创造性也得到了有效发挥。案例3-11用《找次品》这一堂课的教学实录和反思过程进一步说明了这种教学风格的升华给教学过程带来的促进作用。

案例 3-11

数学广角《找次品》教学实录及反思

广州市白云区三元里小学 崔婉婷

一、在3个待测物品中找次品

师（指着3盒粉笔）：这里有3盒一样的粉笔，老师从其中一盒拿走几支，按原来的包装放好。

（教师移动粉笔的摆放）

师：能看出拿走粉笔的是哪一盒吗？如果老师以同样的价格卖给你，你愿意吗？为什么？

生：不愿意，因为少了几支。

师：如果我这样卖给你，这就是次品。今天我们就来找次品。（揭示课题）

师：次品有很多种类，如衣服破了、拉链坏了、杯子坏了，这些能看出来，但是今天我们找的次品是看不出来的，那怎么办呢？

生：用天平称。

师：你为什么会想到用天平称？用弹簧秤称行不行？

生：行，太麻烦。

师：今天我们只是要找出次品，不需要称出重量。

（师拿出天平，先让学生认识天平，左托盘和右托盘东西重量一样，天平就平衡了。教师请两位学生上台表演用天平称物体，一位学生表演天平，一位学生称物体重量。在表演天平学生的左手放一盒粉笔，右手也放一盒粉笔，天平平衡了。）

师：这时天平是什么状态？

生：天平平衡了。

师：这时能找出次品在哪里吗？

生：因为天平是平衡的，所以次品是放在桌上的那盒。

师：刚才称粉笔的过程，你能用数字、符号等形式表示出来吗？

（学生完成，教师展示学生作品，并评讲，如图3-5-1、图3-5-2所示。）

师：能不能更加简洁点？左托盘的一个物体用"1"表示，右托盘的物体也用"1"表示，天平平衡了，没有称的物体在天平的旁边用"1"表示出来。（见图3-5-3、图3-5-4）

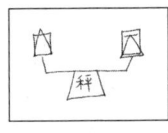 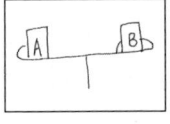 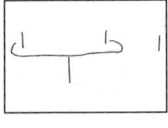 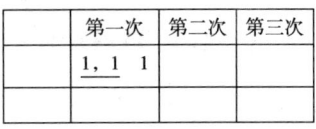

图3-5-1　　　　　图3-5-2　　　　　图3-5-3　　　　　图3-5-4

（学生以直观形象思维为主，找出次品粉笔时，从学生形象的表演直观演示，过渡到用数字、符号表示，图式表征学生找次品的方法，有效培养了学生的数学思维）

师：这是天平平衡的状态，天平还有一种状态？当天平不平衡时，次品在哪里？

生：当天平不平衡时，次品在上扬的那一边。

师：3盒粉笔中，找出其中1盒次品，称几次可以找出来？

生：称1次可以找出来。

生：天平平衡、不平衡一次可以找出来。

二、在5个待测物品中找次品

（观看录像：一个小姑娘从5瓶水中拿出1瓶水喝了一口，放回去后，过了一会儿回来，找不到自己喝过的那瓶水了。）

师：她找不到自己喝过的那瓶水，她喝过的水有什么特征？

生：喝过的水少一些。

生：可以称一称。

生：用天平称。

师：同桌两个同学合作，左边的同学称，右边的同学扮演天平。4根长的小棒是没有喝过的水，1个短的小棒是喝过的水，看看有几种不同的情况，请你像刚才老师那样用数字、符号把称的过程表示出来（见图3-5-5）。

生：天平左托盘放2瓶水，右托盘放2瓶水，天平平衡了，剩下的那瓶水

是喝过的。（见图3-5-6）

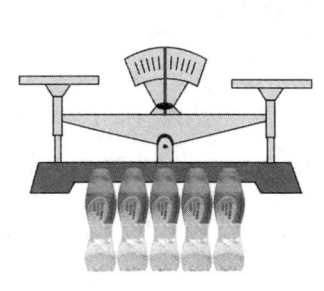
图3-5-5

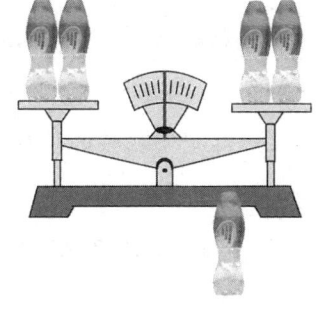
图3-5-6

生：天平左托盘放2瓶水，右托盘放2瓶水，天平不平衡，上扬的那边有一瓶水是喝过的，把那2瓶水左、右托盘各放一瓶再称一次，上扬的那瓶水是喝过的。（见图3-5-7）

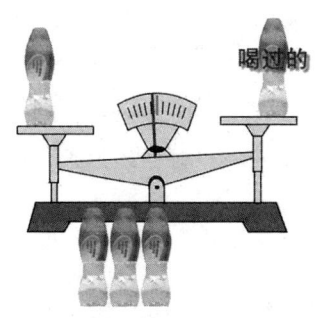
图3-5-7

师：保证要找到这个次品，需要称2次，我们能把这个称的过程记录下来吗？

（学生板书找次品的过程：<u>2，2　1</u>。）

师：称一次就找到次品，这是偶然现象，称的时候也有可能是不平衡的状态。

生：不平衡时，上扬的那边有次品，把上扬的那边2瓶再称一次；第二次称上扬的那一瓶是喝过的水。

师：还有其他称法吗？

生：左托盘放一瓶水，右托盘放一瓶水，如果平衡，再拿另外2瓶水，左、右托盘各放一瓶水,如果还是平衡,没放的那瓶水是喝过的。

生:称了2次找出次品。

生:左托盘放一瓶水,右托盘放一瓶水,假如第一次称不平衡,那么上扬的那边是喝过的水,一次可以找出次品。

(师生一起把刚才称的过程表示出来。<u>1,1</u> 3、<u>1,1</u> 1,天平平衡需要称2次找到次品,如果第一次称时天平不平衡,那么一次就可以找出次品)

三、在9个待测物品中找次品

师:老师带了一些小棒发给同学们,我多带了一些,我这里有27捆小棒,其中有一捆小棒多了几根,要在27捆小棒中找出哪捆多了几根小棒,最少要几次?

生1:26次。

生2:4次。

生3:3次。

师:27捆小棒比较多,数学学习时,我们遇到复杂的问题要把它简单化,用化繁为简的方法学习数学。那么我们就先在9捆小棒中找出这捆小棒。这里我们就不摆小棒,采用四人小组讨论的方式,说一说怎样找出这捆小棒。

(安排一个四人小组到讲台交流并板书,其余学生在座位交流并写出思考过程。)

(学生演示—摆小棒—直接用数字、符号表示找次品的过程,体现了学习过程的循序渐进,帮助学生思维不断发展,这里同时指导学生有效的学习方法。)

生1:两边各放4捆小棒,平衡一次找到次品;不平衡那么两边各放2捆小棒,不平衡两边各放1捆小棒可以找到次品。

生2:<u>3,3</u> 3 <u>1,1</u> 1两边各放3捆小棒,平衡在旁边的3捆中有次品,不平衡下沉的那边有次品,第二次两边各放一捆小棒,平衡就是旁边的1捆是次品,不平衡下沉的那边是次品。

生3:9捆小棒两边各放2捆,不平衡次品在"2"中,再称一次就行了,平衡次品在"5"中,第二次两边各放2捆,平衡次品在旁边的1捆,不平衡称第三次两边各放1捆,下沉的那边是次品。

生4：<u>1，1</u> 7 <u>3，3</u> 1 <u>1，1</u> 1第一次两边各放1捆，不平衡就找出次品了，平衡次品在"7"中；第二次两边各放3捆，平衡就找出次品了，不平衡次品在"3"中，第三次两边各放1捆可以找出次品。

师：还有没有其他方法？这么多的方法，如果让你选择，你会选哪一种方法？

（发散学生思维，多种方法解决问题，并引导学生找出最优的方法解决问题。）

生：第二种方法（生2的方法），称的次数少。

师：为什么称的次数少？有什么特点？

生：分成3份，天平两边各放3份，旁边也是3份，这样速度快一点。

师：为什么要两边各放3份，这样称的次数少一些？

（四人小组讨论。）

生1：平均分以后，就变成最小的三个数，平衡或不平衡，那么都是从"3"中找出次品就快捷了很多。

师、生：而其他的几种情况，运气好就一次找到，但这是偶然现象，我们要看到最坏的情况，第一种（生1）最坏的情况要在"4"中找次品，第三种最坏的打算要在"5"中找次品，第四种情况则要在"7"中找到次品，只有平均分才是在"3"中找次品，数最小，称的次数就会少一些。

师：平均分称的次数最少。我们回到前面的问题，在"27"中找次品，怎样称？

生：三九二十七。

生：平衡或不平衡次品都在"9"中，再拿"9"来称。

生：接着就是前面的第二种称法，<u>3，3</u> 3 <u>1，1</u> 1。

师：这样就是称了3次找到次品。在"81""243"中要找到次品需要几次？

（学生完成。）

四、在8个待测物品中找次品

师：生活中物品的数量不一定都是能平均分成3份的，比如说从"8"中找次品呢？

生：平均分成2份。

生：分成3份。

师：平均分成2份，我们试一下，要称3次。

生：分成3份，3，3 2，平衡在"2"中找次品，不平衡在"3"中找次品，2次可以找出次品。

师：像这样从"不是3的倍数"物品中找次品，比如说8、10、11、12、13，碰到这种数，我们把它分成3份，这3份的数有什么特点？是不是要比较接近？这个留给大家回去以后思考，看能不能得出一个结论。

五、谈谈收获（四人小组先说一说）

生：我学到了怎样可以更快地称出次品。

生：我学到了用数字来表示称物体的方法。

…………

第四章

专业技能的发展

第一节　专业技能

一、专业技能是生存发展的工具

人类从古猿进化而来，最早的时候就开始学习各种技能，包括石器的制作和使用、狩猎、种植等，都需要比较复杂的技能才能够完成。

到了现代社会，人们所需要掌握的技能越来越复杂。这些复杂的技能涉及人类生存的各个方面，包括基本的生活技能、复杂的信息技术应用能力等。

人类社会专业分工越来越细化，这意味着人类所需要掌握的技能变得越来越专业化。作为小学数学教师，从事的是专业小学数学教学工作，因此，小学数学教师所需要掌握的各种教学技能应满足专业化要求。同时相比人类使用的其他技能，小学数学教学技能是高度复杂和抽象的技能，它涉及非常复杂的大脑思维和创造性过程。

二、专业技能的分类

按照美国教育学家加涅的分类，人类所需要学习的技能包括智慧技能和动作技能两大类。其中，智慧技能又分成了五个层次，包括辨别事物、形成概念、定义概念、形成规则、获得高级规则；动作技能，按照布卢姆的教学目标分类方法，可以分为六个层次，分别是知觉、定向、有指导的反应、机械动作、复杂的外显行为、适应。

对于小学数学的专业教学技能，也可以根据加涅和布卢姆的技能分类来进行分析。

第二节　技能源自生活

一、从生活中获得技能

1. 一个教学案例

专业技能的分类能够使我们更透彻地看出技能的本质。但是对于一个年轻教师的专业成长过程来说，要获得必要的专业教学技能，需要经过艰苦的学习和训练才能够完成。

年轻教师从有经验的教师和名师那里获得的都属于间接经验。要促进这些间接经验的转化，使之成为自己认知结构中的有机组成部分，年轻教师更应该多在生活中细心观察、仔细探究，以获得更加直接的经验。这样才能够更有效地促进自己专业技能的形成，并逐渐达到熟练应用的程度。

下文这个案例介绍了《圆柱的表面积计算》教学片段。从该教学片段中可以发现，如果能够结合学生的生活实际来进行教学，学生既容易理解，也有兴趣。远离学生生活实际或脱离学生生活的纯课本教学，学生只能机械地学习，很难理解，更谈不上将知识灵活运用于现实生活。

案例4-1

《圆柱的表面积计算》教学片段与分析

广州市白云区三元里小学　崔婉婷

《义务教育数学课程标准（2011年版）》中在应用意识方面提道："认识到现实生活中蕴藏着大量的数学信息、数学在现实世界中有着广泛的应用；面对实际问题时，能主动尝试从数学的角度运用所学知识和方法寻求解决问题的策略；面对新的数学知识时，能主动地寻求其实际背景，并探求其应用价值。"

教学中，我尊重教材，但不局限于教材，合理灵活地运用教材、驾驭教材。教师教得轻松，学生学得活泼、有趣。下面摘录了教学的两个片段。

教材：九年义务教育六年制小学教科书。

课题：圆柱的表面积计算。

学生对象：六年级学生。

地点：教室。

片段一：

我们要爱惜学校的一草一木

教室中鸦雀无声，学生们正在安静地观看校园录像：

（录像）出现学校操场中的树桩，师："像这样的树桩，我们学校有多少个呢？我们能不能帮财务室算一算，做这么多个树桩，大约需要多少瓷砖？"

学生提出要出去测量树桩的一些数据，我进一步提问："你想知道哪些数据，怎样测量呢？"其中有一些学生说想知道底面半径的长度，同学马上反驳："不需要，只要测量底面周长就可以了。"经过讨论，得出一致意见：测量底面周长和高。

（录像中出现几个学生正在认真地帮大家测量所需要的数据。）观看录像的学生顿时兴奋起来："哇，周同学！""李同学的尺子没有放平。""周长这么长啊？""刘同学上大屏幕了！"学生的注意力全部集中到大屏幕中，这时屏幕中显示测量的数据：

圆柱底面周长约是3.5米；

圆柱的高是0.25米。

没等我开口，学生便迫不及待地进行计算，由于树桩上面那个面铺的瓷砖是环形的，为了不加重学生的学习负担，只是要求学生求出侧面瓷砖面积：

$3.5 \times 0.25 = 0.875$（平方米）

学生利用休息时间已经数了校园的树桩共有44个。

0.875×44=38.5（平方米）

课前已经让学生自己调查瓷砖的价钱，算出所有瓷砖的价钱，学生惊呼："这么贵呀！我们真是要爱惜学校的一草一木。"

片段二：

我喜欢做自己出的题目

师："能不能自己出题自己做呢？"

一听这话，学生顿时兴奋起来，自言自语的、讨论的、开始动笔写的，有的干脆拿出家长买的参考书做起来，这时，我看见某人同学正悄悄地蹲下去测量课桌中圆柱的有关数据，我对学生说："你看这位同学在干什么呢？"全班学生的注意力都集中在他身上，他也不理睬，继续做自己的事情。有几个学生反应很快，抢着说：

"他在测量课桌圆柱的长度。"

"他在测量圆柱底面的半径。"

这位同学这时回了一句："底面半径怎么测量？"

另一个同学接着说："只能测量圆柱的底面周长，根据周长求半径。"

"只有侧面，不用求底面半径。"

…………

学生七嘴八舌，我建议大家："其实出的题目，不用到处去找，我们教室就有很多，看你们能不能找得到？"

"能，我们的课桌、椅子上面有圆柱，可以求它的表面积。"

"外面的不锈钢防盗网中有圆柱。"

"大屏幕投影的棍子有圆柱。"

师："那么你们找自己喜欢的地方测量所需要的数据，计算圆柱的表面积吧。"

教室里沸腾起来，每个角落里都有学生在测量，整个班的学生都在忙碌着，对比之下，我就显得特别清闲，我东走走、西逛逛，发现他们一边测量一边记录，然后很认真地坐下来计算，一派自得其乐的景象！

摘录几个学生的作业：

（学生一的作业）我椅子的脚是一根圆柱，底面周长是7厘米，高是36厘米，做一根这样的铁柱要多少平方厘米？

直径：$7÷3.14≈2.2$（厘米）

底面积：$3.14×(2.2÷2)^2=3.8$（平方厘米）

侧面积：$7×36=252$（平方厘米）

表面积：$3.8+252=255.8$（平方厘米）

（学生二的作业）我的桌子有根横挡，底面周长8厘米，高33厘米，我求的表面积只需要求出侧面积就可以了。侧面积是：$33×8=264$（平方厘米）

（学生三的作业）我测量的是大屏幕的棍子。底面周长7厘米，高185厘米，表面积是多少？

半径：$7÷3.14÷2≈1.1$（厘米）

侧面积：$7×185=1295$（平方厘米）

底面积：$3.14×1.1^2×2=7.6$（平方厘米）

表面积：$1295+7.6=1302.6$（平方厘米）

上完这节课后，我采访了我们班的学生。

采访记录：

文倩同学：我喜欢这样上课，感觉生动，大家也有交流的机会。

李同学：跟我们的现实生活联系，我就觉得学数学有用，更喜欢去学。

罗同学：看见学校的东西和同学在大屏幕中出现，好玩，我就特别想计算，回家我要看看我家里有什么圆柱，自己量一量，算它的表面积，老师，下次把我拍进大屏幕吧。

刘同学：自己测量，觉得真实，虽然计算复杂，但我还是喜欢自己测量，自己计算，而且，不用整节课都坐在那里听课、做作业那么闷。

邓同学：生活中有很多数学问题，就是要靠我们自己去发现，我喜欢老师将我们身边的事情放在课堂上举例来学习，觉得很亲切。

教师反思：

以上摘录了课堂教学的两个片段和对学生的采访。我们在平时的教学中，可以经常改变课本中的情境，更多地联系学生的生活实际，让学生感受数学就在身边，比如教学利息时，让学生算一算怎样存钱合算又符合自己的要求；学习比例的知识，就让学生设计自己小卧室的平面图；认识20以内的各数，就让学生数周围的事物，并去超市购买物品写数学小日记；等等。

数学课程标准研制组的孙晓天教授曾在一次省级新课程标准培训中提到，学习数学不要脱离学生的生活实际，研究尖端数学问题的毕竟是少数人，我们要面向全体，照顾大多数学生的需求。那么，在我们小学数学教学中，就要有意识地让学生感受生活中的数学，发现我们的生活中处处有数学，学习数学可以解决生活实际问题，这样学生才有兴致，也容易理解。

课外延伸：

这节课临下课时，我给学生布置了开放性作业："请你们在生活中找出圆柱，自己测量所需要的数据，计算它们的表面积。"

第二天，我收到学生的作业，举例如下：

生1：我家的纸巾筒是一个圆柱的形状，我测量了它的底面周长是32厘米，高是12厘米，（抽拉纸巾出口的小圆忽略不计）这个纸巾筒需要多少平方厘米塑料？

生2：喝水的杯子是圆柱，底面周长是20厘米，高是15厘米，拿走盖子，这个喝水的杯子表面积是多少？

……

学生作业里的题目内容多种多样，这里不一一列举。由此可见，学生已经学会在生活中找出数学问题，并试着用数学方法解决问题，这也正是我们所期望的。

结语：

教师在教学中有意识地联系生活教学，不仅可以提高学生的学习兴趣，赋予枯燥的数学以生命，使数学学习生动起来，变抽象为具体，还可以在不知不觉中培养学生的观察能力。

既然如此，我们又何乐而不为呢？！

2. 教学素材源于学生的现实生活

随着社会的进步，小学数学教材也在不断地更新，而更新是需要过程

的，在新旧交替阶段，我们如何灵活地使用教材？教材中说，农村的"打谷场"，但城市的孩子对此一无所知，教师可不可以修改例题，方便学生的理解呢？

《义务教育数学课程标准（2011年版）解读》中是这样说的：数学教科书的素材应当源于学生的现实……学习素材应尽量源于自然、社会与科学中的现象和问题。"对第一学段的学生来说，学生的'现实'或许更多地意味着与他们直接相关的、发生在他们身边的、可以直接接触到的事或物……对第二学段的学生来说，学生的'现实'或许更多地意味着他们生活环境中可以直接或间接看见、听说的事与物，一些与他们自己或者同伴密切相关的事情。"

"片段一"中，校园中的树桩，我校随处可见，学生也许没有留意，通过测量、计算，学生在学会数学知识——圆柱表面积计算的同时，也更加爱护校园，同时增强了学生的观察能力；"片段二"中，学生找出生活中的圆柱，特别是找出教室周围的圆柱，并亲自测量计算它们的表面积，学生见的、做的、学的就是身边的事物，学生学得很有兴致，在不知不觉中就运用数学知识解决了生活中的实际问题。正如前面对学生采访中所说："生活中有很多数学问题，就是要靠我们自己去发现……"在这个过程中，学习与学生的生活联系，学生真正在生活中感悟数学、理解数学知识。学生自己出题自己做，这样在教师的主导作用下，其学习主动性得到有效发挥。例如，前面的片段所提到的学生自己测量椅子中的圆柱、桌子中的圆柱、大屏幕中的圆柱，并求出它们的表面积。回家后，学生自己主动测量自己家中圆柱的有关数据，计算圆柱的表面积，真正学以致用。

课堂教学中，我还让学生自己准备一些学具，有茶叶筒、喝水的杯子、牙签瓶、易拉罐瓶等，学生自己测量所需要的数据，求这些实物的表面积，也有些学生求侧面积。在测量、计算的过程中，学生更加理解了数学学习的意义。这可能会给评讲和批改造成一定的难度，我是这样处理的：一是抽取典型例子全班讲解、抽样批改；二是多次交换批改，在提高正确率的同时增加学生的练习量。

将生活中的素材用于教学，可以激发学生的学习兴趣。如将课本第35页第3题——计算下面各圆柱的表面积换成让学生在生活中找出同样类型的题目，如上面两个片段中提到的测量学校树桩中的圆柱和课桌中的圆柱有关数据，计算圆柱的表面积，更给数学的学习赋予新的生命。

3. 学生应用意识的培养

《义务教育数学课程标准（2011年版）解读》中提道："培养学生应用意识最有效的办法应该是让学生有机会亲身实践。"教学中，教师应努力发掘有价值的实习作业，让学生在现实中寻求解决方案。现实生活中有很多地方有圆柱，教师可以利用这节课的教学内容的优势，让学生实践体会。"片段二"让学生在操作中学会自己找出平时教材给出的条件，如果按照自己的思路，要计算圆柱的表面积，就要测量圆柱的半径，计算最方便，可是学生测量就会遇到麻烦，如李嘉盛同学说的：椅子中圆柱底面半径怎么测量？学生在七嘴八舌中找到了解决办法：试着改变一下，先测量圆柱的底面周长，再计算半径，求出圆柱的表面积。这些麻烦让学生自己体会、自己解决。如果没有亲身实践的过程，学生根本无法理解教材为什么要出题"已知底面周长求圆柱的表面积"，还认为是教材故意刁难他们，亲身实践是最有说服力的。

作为教师，要努力为学生应用所学数学知识创造条件和机会，这样，学生的应用意识将不断得到增强。同时，在不知不觉中，学生会自己主动在现实生活中寻找运用数学知识和数学思想方法解决问题的机会，并努力去实践。面对现实问题，学生能够主动从数学的角度进行分析并探索解决方案。

4. 合理、有效信息技术融合

我们在课堂中播放的录像或课件，大部分是买回来的，因此里面的人和事物距离学生比较遥远，久而久之，学生就会产生一种事不关己的心理。我在《圆柱的表面积计算》这一课中（片段一）带着几个学生利用下课休息的十分钟拍摄了几分钟的录像，播放的时候，学生看到自己或同学出现在大屏幕上，欣喜若狂，付出不多，但收获是显著的。

信息技术已经进入我们的课堂教学，如何有效地将信息技术与课程融合，是我们要思考的问题。如果我们只是把传统的板书、教师教具的演示、学生的操作用课件取代，那么我觉得不如不用。信息技术不是取代传统教学手段，而是要发挥传统教学手段无法实现的功能，以达到最佳效果。

"片段一"中，当时我拍摄这段录像制成PPT的主要原因如下：

（1）让学生在生活中感悟数学，提高学习兴趣。

（2）本来想利用一节课带领学生出去测量数据，但来来回回会浪费很多时间，留给学生课外测量不能保证全体学生都会去参与，于是我才想起拍摄录像这个两全其美的办法，保证全体学生参与学习。

（3）呈现方式的改变，符合《义务教育数学课程标准（2011年版）解读》中所说的"呈现形式应丰富多彩"。六年级的学生对学习有一定的自觉性，也很清楚学习数学的重要性，并自觉地投入足够的时间与精力去学习数学，但我们更需要做的是让学生愿意亲近数学、喜欢数学，从而主动地学习数学。为此，我们要琢磨学生的兴趣爱好、年龄特征，采取适合他们的表现方式展现数学问题。信息技术手段可以较好地实现这种功能，这里所呈现的题目虽然加大了计算的难度（不过我允许学生使用计算器计算），但是学生做得很有兴趣。

事实证明，把身边的资源拍摄下来提供给学生学习利用，学生乐于接受。

二、让教学更贴近生活

从生活中获得教学技能，教师的教学经验更加直接。这些直接的教学经验转化成教学技能，运用起来也更加得心应手。

教师从生活中获得的教学技能最终还是要回到生活中去。因此在教学的时候，教师更要努力使自己的教学过程更加贴近生活。只有这样学生的学习兴趣和学习动机才能够被有效地调动起来，学生学习到的知识才能够更加牢固。

下文这个案例是北师大版二年级《买电器》一课的教学设计过程。通过该案例可以看出在课堂教学中结合生活经验的重要性。

案例 4-2

买电器

广州市白云区三元里小学 崔婉婷

教学重难点：掌握整百、整十数加减的口算方法。

教具、学具准备：电器图片、计数器（课前练习使用）、练习本、小黑板。

一、学例题

（1）师贴洗衣机图片，问：这是什么？（认识这几个字吗？）

再贴冰箱图片，这是什么？（指着冰箱读）

揭示课题：我们今天就去"买电器"。

（2）你还想买什么电器？……我们接着买（一台电视机、一台电风扇）。

（3）今天买的这几样电器分别是多少钱呢？猜一猜。

① 买洗衣机用了5张100元的人民币（500元）

② 冰箱最贵，是一个三位数，百位上是9、十位上是6、个位上是0（960元）

③ 彩电比洗衣机贵，用计数器演示（百位是8），是多少元？

④ 风扇最便宜，肯定比谁少？（比500少），也是整百的，有可能是多少元？（少了几百呢？）

（4）看到这些信息，你能提出什么问题？

师：分小组说一说，并在小黑板上把提的问题写出来。

教师巡堂，把学生的提问张贴在黑板上。（发奖品）

① 1台洗衣机和1台电视机共花多少元？

② 1台洗衣机比1台电视机便宜多少元？

③ 1台电冰箱比1台电视机贵多少元？

④ 1台洗衣机和1台电风扇共花多少元？

⑤ 1台电视机比1台电风扇贵多少元？

（5）同学们真棒！提出这么多问题，我们一起来解答。

1台洗衣机和1台电视机共花多少元？这就是第69页的题目。

①能列式计算吗？请列在书上。

②小组内说说你是怎样想的。（互相说，有多种想法噢——用计数器操作方法）

③指名小组上讲台汇报多种想法，其他小组补充。（发奖品）

师优化想法：为什么用5+8，而不是5+0呢？（5和8都是百位上的数，相同数位数相加）哦，明白了，谢谢同学们！

你最喜欢哪种方法？为什么？

（6）看第二个问题。会解答吗？做在练习本上。

"便宜"是什么意思？怎样计算？你是怎么想的？（刚才提问题的小组做"小老师"，由他请同学回答，并判断正确与否）

（7）其他几个问题，请同学们做在练习本上。

挑选小老师，检查同学作业。

（面批作业，奖励星星，小老师把检查情况说给大家听。）

小老师点名同学发言、评讲、反馈。

（8）如果第70页"试一试"没有学生提问，在书中完成"试一试"。

师：我们今天买电器很贵啊，都是整百、整十数的加减呢。

二、做练习

（1）我从酒店到学校是600米，我参观了我们的学校走了一圈大约是710米，好漂亮啊。请问我一共走了多少米？

（2）第70页第1、2题。

（3）游戏：打枪。（发奖品）然后全部做书本。

（4）第71页数学游戏。

第三节 熟能生巧

一、习题的归类和分组

技能是通过不断训练才能获得的。在教学过程中,教师要注意学生练习的方式。教学组织过程也要对提供给学生的习题进行科学的归类和分组。

下文这个案例介绍了"长方体、正方体表面积与体积的练习",从中可以看出科学的归类和分组的重要性。

案例4-3

"长方体、正方体表面积与体积的练习"案例分析

广州市白云区三元里小学　崔婉婷

一、背景

教学义务教育课程标准实验教科书五年级下册第三单元"长方体、正方体表面积与体积"时,我发现学生用长方体、正方体表面积和体积解决问题容易混淆。于是我在两个不同的班级分别执教了一节"长方体、正方体表面积与体积的练习"对比课例。在执教过程中,我分别使用两个不同的教学设计,效果明显不同。

一节课采用单个习题的形式进行教学,另一节课采用练习题组的形式进行教学。具体对比见表4-3-1。

表4-3-1 单个习题出现与练习题组出现的练习课对比情况一览表

课例形式＼内容	涉及面	练习量	数学味	生活味	计算	解决问题
单个习题出现	窄	小	较浓	很浓	复杂	1个
练习题组出现	广	大	很浓	较浓	简单	系列

观察上表，单个习题形式的这节练习课，过于关注生活中的数学，用生活中测量出来的数据计算，计算烦琐，耽误时间，练习量小，而且一个习题只能解决某一个问题。以练习题组形式的练习课，数学味浓，着眼于解决问题的方法和策略，数据小，容易计算，一个题组可以解决一系列问题。

在实践教学中，我发现以练习题组出现这节练习课效果更好。因此，我不断反思分析这节课例，找出它的优点和可以完善的地方，力争构建更加精彩的练习课堂。

二、案例描述

片段一：辨析练习

针对学生容易混淆的表面积、体积计算解决问题，我用课件显示题组。题组分为两类：一类是求表面积的计算；另一类是求体积的计算。

教师说明要求后，静静地用课件显示第一类"求表面积的计算"。生活中的数学问题如下：

（1）做一个正方体金鱼缸，所需玻璃是求这个正方体5个面的表面积。

（2）给教室的梁粉刷涂料，是求教室4个面的表面积。

（3）火柴盒的外壳是求6个面的表面积。

（4）火柴盒的内盒是求6个面的表面积。

（5）学校要给楼梯铺瓷片，铺一个台阶的瓷片是求3个面的表面积。

（6）一个饼干盒四周贴了商标纸，商标纸面积就是求4个面的表面积。

学生举牌"√""×"，一一判断并说明理由。

师：生活中求表面积的计算，你在解决问题时会关注什么？

生1：我会看看它有没有缺面。

生2：我会想清楚它是求哪几个面的面积和。

在学生充分发表意见的前提下，师生共同总结：求表面积的计算，关键是要想清楚是求哪几个面的面积和。

接着教师用课件显示第二类"求体积的计算"练习题组。

（1）计算正方体纸盒的体积是$a^2×6$。

（2）填平一个长方体沙坑，需要沙土多少吨？先要求长方体的体积。

（3）用12个棱长1厘米的正方体木块摆成不同形状的长方体，它们的体积都是12立方厘米。

（4）在装了一些水的长方体玻璃容器中放入正方体铁块，容器里溢出水的体积就是这个正方体的体积。

（5）把正方体橡皮泥捏成长方体，体积不变。

（6）把一块石头浸没到水里，水面上升的高度就是石头的体积。

学生仍然采用举牌"√""×"的方式进行判断并说明理由。

师：求体积的计算你有几种不同的方法？

生1：长方体的体积=长×宽×高。

生2：长方体的体积=底面积×高。

生3：正方体的体积=底面积×高。

生4：正方体是特殊的长方体，正方体的体积=$a×a×a$。

反思："片段一"是辨析练习，辨析练习中采用的形式是举牌判断。我觉得这种形式看上去学生很安静，但是在这种安静的场合里，学生的思维很活跃。他们要积极思考才能准确判断在这种现象中，表面积的计算是求哪几个面的面积和。这种方式的教学是此地无声胜有声！

由于学生都有两张牌，各个学生不了解其他同学的想法，举牌只是表达自己的想法，避免了有的学生不独立思考，人云亦云。而教师在讲台上通过看学生举牌，能很清楚地了解每一个学生的真实想法，能及时帮助概念不清的学生。

片段二：求表面积实际计算

师：刚才我们举牌判断生活中现象的各种说法是否正确，现在我们要解决这些问题。

课件显示1：做一个正方体金鱼缸，所需玻璃是求这个正方体5个面的表面积。

师：你需要什么条件就可以求出做金鱼缸所需要的玻璃？

生：我需要知道正方体的棱长是多少？

课件补充条件：

（1）做一个棱长是4分米的正方体金鱼缸，需要多少玻璃？（接口处忽略不计）

课件显示2：一个饼干盒四周贴了商标纸，商标纸面积就是求4个面的表面积。

师：要求商标纸的大小，需要哪些条件？

生：需要知道这个长方体的长、宽、高分别是多少？

随着学生的回答，用课件补充完整练习题.

（2）一个饼干盒四周贴了商标纸，长6厘米、宽4厘米、高10厘米，至少需要多大的商标纸？（接口处忽略不计）

课件显示3：学校要给楼梯铺瓷片，铺一个台阶的瓷片是求3个面的表面积。

师：铺一个台阶的瓷片是多少？你需要知道什么条件？

生：我需要知道这个台阶的长、宽、高分别是多少？

课件补充条件：

（3）学校要给楼梯铺瓷片，一个台阶的长是20分米、宽3分米、高2分米，铺一个台阶需要多少瓷片？

课件显示4：出示梁的照片。

师：学校要给梁重新粉刷，买涂料就要知道梁的表面积，求梁的表面积你需要知道什么？

生1：我需要知道梁的长、宽、高分别是多少？

生2：我还需要知道梁上面的电风扇底面积是多少？

生3：梁插电风扇的插座底面积是多少？

师：梁插电风扇的插座底面积我们可以忽略不计。

课件显示如图4-3-1所示。

图4-3-1　梁的长260厘米、宽20厘米、高30厘米，一台风扇占300平方厘米

教师以上4题用练习纸打印发给每位学生，人手一份，让学生直接在练习纸上完成。完成的形式是两人小组合作完成，每人从中挑选两题，共同完成4题，再交换检查互相帮助。

反思：在生活各种现象中抽象出数学问题，让学生思考解决这些问题需要的条件，从而使学生体会数学源于生活，解决生活问题要用到数学知识，而且体现了一题多用：生活现象—数学问题—解决问题。

两人小组合作完成，减轻学生的学习负担。每人挑选2题，交换检查相当于再做2题，也就是说每人都做了4题，同时学会了与人交往合作的能力。

片段三：求体积实际计算

在"片段一"的各种现象中，提出数学问题，给予条件，用练习纸打印给每位学生做。采用的形式仍然是同座两人小组合作完成，每人选做2题，互相交换检查。

（1）一个长方体沙坑的长是8米、宽是4米、深是1米，每立方米沙土重2吨，填平这个沙坑共要用沙土多少吨？

（2）有一个底面积是300平方厘米、高10厘米的长方体，里面盛有5厘米深的水。现在把一块石头浸没到水里，水面上升2厘米。这块石头的体积是多少？

（3）把一个棱长2厘米的正方体橡皮泥，捏成横截面面积是4平方厘米的长方体，这个长方体有多长？

（4）一个长方体玻璃容器，长9分米、宽6分米、高5分米、水深4分米。

如果投入一块棱长为4分米的正方体铁块，缸里的水溢出多少升？

师：通过以上求体积的实际计算，你有什么收获？

反思：学生合作完成，并以小组的形式汇报，汇报过程中小组成员可以互相补充，培养学生的合作意识和能力。

这几个求体积的实际计算，题目比较灵活，有些生活中的现象学生难以想象。由于事前考虑问题不够周到，没有安排学生操作的过程，学生理解困难。例如，水溢出的问题，如果准备玻璃容器演示水上升先把玻璃容器占满，然后溢出来的现象，学生亲眼所见理解起来就比较容易。

片段四：综合练习

（1）做一个火柴盒需要多少硬纸？外壳需要多少硬纸？内盒需要多少硬纸？每根火柴棒体积大约是多少？

（根据需要课件显示：长4厘米、宽3厘米、高1厘米。一盒火柴有41根火柴棒。）

学生计算，在这里可以考查学生能否灵活进行估算。

（2）一块砖的长是2分米、宽是1分米、高是0.5分米，砌一堵墙需要用5000块砖，这堵墙的体积是多少？这堵墙的表面积是多少？（砖与砖之间的缝隙忽略不计）

意图：原计划综合练习的第1题是在课堂上完成并评讲的，采用的形式是四人小组完成。第2题作为机动题，有时间才做。但是由于前面第3个片段的练习学生完成情况没有预计的好，所以在课堂实施中综合练习不够时间完成。

三、分析

（1）以题组形式出现，达到单个习题形式无法实现的功效。

我两节课用不同的教学设计，一节课是单个习题形式，另一节课是题组形式。

我在单个习题形式这节课"求表面积实际计算"时，提问给教室的梁粉刷，需要涂料多少，是求3个面的表面积。题组形式的这节课"求表面积实际计算"，是由4个题目构成，这4个题目组成的练习题组可以解决表面积计算的多方面问题，包含求2、3、4、5个面的表面积。相比而言，题组形式的课例解决问题更加全面，包含的内容更广。

"求体积实际计算"时，单个习题形式的练习课的题目是：一个长方体沙坑的长是8米、宽是4米、深是1米，每立方米沙土重2吨，填平这个沙坑共要用沙土多少吨？考查学生能否运用长×宽×高求体积。

题组形式的练习课题目可以查看"片段三"，共有4题，不仅可以考查学生能否运用长×宽×高求体积，能否用底面积×高求体积，还可以让学生掌握用"石头浸没到水里，水面上升……"求不规则物体体积的方法，以及通过把正方体橡皮泥捏成长方体的生活现象，让学生明白体积守恒定律。

单个习题只能解决一个问题，而题组可以解决同一类的系列问题。练习课以题组形式出现，可以有效地、比较全面地完成学习任务。

（2）学生有充足的练习量。

单个习题形式的练习课，引入是2题、针对性练习（举牌"√""×"）是6题、学生操作1题、解决问题10题（包含练习纸）、拓展题1题，整个设计是20题。

题组形式的练习课，引入是2题、题组一辨析练习（举牌"√""×"）是12题、题组二求表面积实际计算是4题、题组三求体积实际计算是4题、题组四综合练习是2题，整个设计是24道练习题。

我用这两个不同的设计进行课堂教学实施，以单个习题形式出现的练习课，只完成了13道题的练习和评讲；以题组形式出现的练习课，完成了22道题的练习和评讲。学生在题组练习时，可以巩固多个知识点，并且在练习题组中还能提炼出解决问题的一般规律和方法。

（3）精心设计练习题组。

练习课的成败关键是练习题组的设计。好的练习题组可以促进学生思考；大量重复的练习题组，只能增加学生的学习负担，把学生变成一台做题的机器，不但不能激发学生思维，反而使得学生思维定式，不利于学生的发展。

① 适当"包装"题组。

小学生年龄小，只是光秃秃地出现练习题，学生做一两题就会没兴趣、很厌烦。所以教师就好像商家，要给练习题进行"包装"，从外表就吸引学生，让学生积极主动做题、参与学习活动。

例如，想让学生学会求两个面的表面积计算，就要设计一个情境："学校要给楼梯铺瓷片，一个台阶的长是20分米、宽是3分米、高是2分米，铺一个台阶需要多少瓷片？"同时出示学校台阶的图片，带着学生进入情境，让学生被情境所感染，主观愿望想要解决情境中的问题，这样学习效果才会很好。

又如，要解决求体积的实际计算，为了更好地发展学生思维，设计练习题："一个长方体玻璃容器，长9分米、宽6分米、高5分米、水深4分米。如果投入一块棱长为4分米的正方体铁块，缸里的水溢出多少升？"用常见的生活现象"包装"这道练习题，学生同样用长×宽×高求体积，要思考高在哪里，溢出的水怎样求。"包装"练习题后，学生就不能机械地使用公式，要具体分析问题、思考解决问题的方法，这对于促进学生思维的发展是有好处的。

② 练习题组要与课型相匹配。

不同的练习课型有各自不同的学习任务，根据各自的学习任务，应该匹配相应适合的练习，这样才能使学生通过各种课型的练习学会知识、培养能力、提高技能、发展思维，有效完成各项学习任务。

我这节课应该属于综合性练习课，只是学习新知的时间间隔太久，学生可能有点遗忘，因此基础性练习学生完成情况比较好。例如，引入求体积和表面积的计算、题组一和题组二都完成得很好；在完成题组三时，学生遇到困难：求不规则物体体积的计算和求溢出水体积的计算都花了比较长的时间，有小部分学生还是难以理解，导致题组四综合练习不够时间完成。

思考：我对学生估计不足，学习新课时间的间隔比较久，学生有些生疏，不应该将此课作为提高性综合练习课来对待，应该以基础题型为主设计对比练习，以符合大多数学生的认知水平。

③ 有针对性地设计练习题组。

在长方体、正方体表面积和体积的练习中发现：学生出现错误的地方，并非计算不过关，也不是不会求长方体、正方体的表面积和体积，而是对于生活中出现的情境，难以判断是求表面积还是求体积，不知道求表面积是要求哪几个面的，求体积是怎样计算的。

针对学生出现的问题，我设计了题组一（片段一）让学生根据生活现象判断求表面积的哪几个面，以及求体积的不同计算方法，把生活情境转化为数学知识，让学生用数学知识解决生活问题。

在学生能辨析的前提下，我才出示题组二、题组三（片段二、三），求表面积和体积的实际计算。由于突破了难点，学生具体解决这些问题难度就降低了。

④题组设计层层递进。

本节课设计了引入和4个练习题组。这4个练习题组层层递进，难度不断加深。按照难易程度排序是：引入—题组一—题组二、三（题组三比题组二难度加深）—题组四。

引入是基础题型求表面积和体积的计算。题组一是辨析练习，只是停留在能够分析生活现象。题组二和题组三是求表面积和体积计算的各种情况，相比而言，题组二难度小一些，主要是观察求哪几个面的表面积；题组三的难度大一些，不能直观地通过题目直接找到解决问题的方法，要多角度地思考，而且解决问题的方法多种多样，教师在教学时体现方法的多样性和最优化的结合，促进学生发展。题组四是综合练习，通过火柴盒的表面积计算，可以巩固求5个面和4个面的表面积计算；通过求"每根火柴棒体积大约是多少？"培养学生灵活、合理运用估算解决问题的能力。综合练习中设计的机动题"一块砖的长是2分米、宽是1分米、高是0.5分米，砌一堵墙需要用5000块砖，这堵墙的体积是多少？这堵墙的表面积是多少？（砖与砖之间的缝隙忽略不计）"可以考查学生根据实际情况求表面积和体积的计算能力。

题组设计层层递进，符合学生的认知规律。学生解决了容易的问题，才有信心往下做，解决比较难的问题。

四、小结

练习课以题组形式出现，比以单个练习题形式出现，学习效果更好。

为了更加完善练习课的设计和实施，还要重视练习课的教学形式。本节课采用的练习形式是举牌、做练习纸、分工合作完成（两人小组共同做4题，并互相检查，以小组为单位汇报）等。练习的形式多种多样，只要是学生感兴趣的练习形式都是值得推广的。

要补充说明的是，数学课要与生活联系，更要有数学味。

二、用好复式统计表

复式统计表是一种非常有效的分类和分组的工具。在教学过程中，教师要让学生充分认识到在生活中，复式统计表的应用，是让学生将数学与生活经验结合在一起的非常有效的方法，可以有效地促进学生对数学知识的理解。

下文这个案例描述了复式统计表的教学设计方案。

案例4-4

复式统计表

广州市白云区三元里小学　崔婉婷

教学内容：

《义务教育课程标准实验教科书数学》（人教版）二年级下册第106～108页。

教材分析：

在学生认识了单式统计表，学习了一些简单的统计图表知识，初步体验了数据的收集、整理、描述和分析的过程之后，教材在此基础上进一步让学生体验统计的全过程，从中进一步了解统计的方法，认识统计的意义和作用。本册教学内容更加注重对统计数据的初步分析，从统计表中让学生发现问题、解决问题。

设计意图：

本次跟岗培训，对于执教的班级学生情况不熟悉，二年级学生对于自己的体重比较模糊，因此把教材称体重的情境更换为数在场听课教师和全班学生人数，通过提出问题、解决问题，让学生体验完整的解决问题过程，在这个过程中进行数据的收集、整理、描述和分析。学生收集、整理数据可以用多种方式进行，如画正字、合作数人数进行整理等。用统计表整理数据时，经纬度调换画统计表，让学生不禁锢思维。

教学目标：

（1）让学生认识简单的复式统计表以及复式统计表的优点，能根据统计表中的数据提出并回答简单的问题，并能够进行简单的数据分析。

（2）让学生体验数据的收集、整理、分析的过程，会用简单的方法收集和整理数据。

（3）通过对熟悉事例的调查活动，激发学生的学习兴趣，培养学生的合作意识和创新精神。

教学重难点：

（1）经历统计的全过程，认识复式统计表并能正确填写。

（2）根据数据进行分析，解决简单问题。

教学过程：

一、例题学习

（1）师：今天我们换了一个地方上课，好热闹啊，来了很多老师跟我们一起听课。

来听课的老师中好像男老师少一些，在场的有多少个男老师？有多少个女老师呢？（很想数，我们等下数）我们班有多少个男同学？多少个女同学？

师：我想知道的这些信息，你们能告诉我吗？

（生答：数出来。）

师：怎样数呢？（一个个数，很久的，花时间长，容易错）

合作数（离开座位，就会漏数的）

① 在自己座位上数，不离开位子，分工合作，2个同学数老师，2个同学数男同学，2个同学数女同学。

② 都数自己组，然后由组长汇总男、女同学，再数男、女老师。

③ 知道男、女同学，只数老师人数。

④ 按顺序数，做记号。

……

（2）师：请拿出小组信封中的表格。能看明白吗？怎样填呢？（生答）

小组商量用最快、最好的方法数出老师、学生、男、女人数分别是多少。并填写表一、表二。（表一、表二后面的括号里，你数男就填男，你数老师就填老师）

（3）展示学生单式统计表。（分小组汇报）

师：很不方便，可不可以把这两个表格放在一个表格中呢？（完成表三）

（4）小组商量汇报。（分组讨论）

（5）小组完成复式统计表，并完成表头设计。

类别	男	女
老师	5	19
学生	16	18

类别	老师	学生
男	5	16
女	19	18

（6）小组汇报统计情况，并提出发现了什么？

①老师中（　）少，（　）多，学生中（　）少，（　）多。

②老师中女老师比男老师多几人？女老师比女同学多几人？……

二、巩固练习

（1）师：我们班今天不仅有很多老师一起来听课，还有几位小客人也来到我们班上呢。打开信封，请出小客人，都是些什么小客人啊？（三角形、圆、长方形）

哦，你们这是按照形状来分类，还可以按照什么来分类呢？（颜色）

能按照不同的分类，数出有多少个，并填写在统计表中吗？（小组完成下表）

（2）汇报交流完成表头，学生一起写，会看。（你是怎样数出各种不同颜色的图形的？）放在一起，画正字。

类别	三角形	圆	长方形
绿色	4	3	5
红色	6	2	3

（3）哪种图形最多？为什么？哪种图形最少？为什么？

你发现了什么？

第106页做一做，把计算机改为奥数，增加"其他"一栏。填写4班的情况统计表。你们打算怎样统计最快捷？（举手，学生来统计）

第112页第2题。学会看表头，怎样统计呢？教师出示五年级的情况比较。独立完成，评讲。

三、总结，谈学习的收获

略。

第四节 理论指导实践

一、教育心理学的基本理论

教育心理学是心理学的一个重要分支。教育心理学研究了在教育教学过程中，学生的学习心理规律以及教育组织中的社会心理学等方面的问题。

教育心理学的基本理论主要包括教育心理学的基本理论以及学习心理学、社会心理学、个体心理学、心理健康、教育测量、教师心理等的理论。

教育心理学中的学习心理学内容尤为丰富，包括行为主义、格式塔学派、新行为主义、认知理论、建构主义、联结主义等一系列的学习心理学和学习理论。

如果教师在教学过程中注意到教育心理学对学习的基本要求，可以有效地提高学生的学习效率，帮助学生巩固所学知识，更加充分地进行知识建构。下文中案例描述的是"图式表征的运用对学生理解程度的影响"的教学设计方案。

案例4-5

图式表征的运用对学生理解程度的影响
——"24时计时法"同课异构课例研讨
广州市白云区三元里小学　崔婉婷

"24时计时法"是新课程标准人教版三年级下册教学内容，结合生活情境要让学生正确运用24时计时法表示一天中的某一时刻，并在观察、发现24

时计时法与普通计时法的联系和区别中能正确进行两种计时法的转换。教学中学生容易混淆。因此我尝试对这节课进行同课异构教学研讨活动：课例一是使用生活素材（钟面）进行，课例二是在生活素材的基础上抽象出类数轴的时刻关系，即运用图式表征进行教学。两种教学设计课堂实施进行对比，研究图式表征的运用对学生理解程度的影响，尤其是研究图式表征的运用对学习困难学生的影响程度。

一、同课异构课例片段再现

"24时计时法"在同课异构课堂教学中，课例一是在钟面上画两个圈表示一天24小时，课例二是把一天24小时行走的两个圈用两条类数轴表示。

课例一片段：

（1）感受"1日=24时"。（蜗牛笨笨新年的第一天是怎样过的？）

课件展示挂钟转动，指到以下几个时刻：

① 蜗牛笨笨迎新年第一天开始时刻。（上面的0时）

② 蜗牛笨笨起床。

③ 蜗牛笨笨和家人一起吃午餐。

④ 蜗牛笨笨午休。

⑤ 蜗牛笨笨看新闻联播。

⑥ 蜗牛笨笨准备上床睡觉。

在此环节，教师引导学生用两种计时法集体记录，再放手让学生去写。过了13时（第2圈），让学生说说13时是怎么来的，让学生在小组内用学具钟拨自己喜欢的时钟转第2圈的时刻，并用两种计时法写出来。提出问题：这一天结束钟面上显示是什么时刻？

（2）比较两种计时方法的异同。

师：请同学们仔细观察黑板上两种计时法，普通计时法和24时计时法有什么相同点，有什么不同点，如何进行互相转化？

小结：

① 相同点：时钟转第一圈时，表示时刻的数相同。

② 不同点：时钟转第二圈时，表示时刻的数不同，普通计时法的前面有表示时间的词语，24时计时法的前面没有表示时间的词语。

钟面以及板书设计如图4-4-1所示。

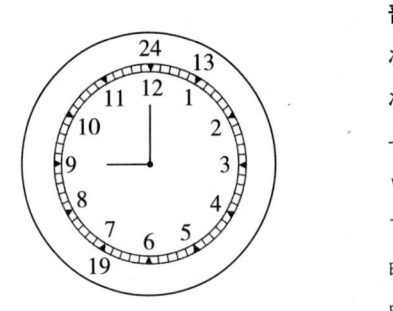

普通计时法		24时计时法
凌晨0时（晚上12时）		0时
凌晨1时		1时
早上7时		7时
中午12时		12时
下午1时	+12 →	13时
晚上7时	← −12	19时
晚上12时		24时

图4-4-1　钟面以及板书设计

课例二片段：

（1）你见过钟面上有24个数吗？

（师拿着钟）钟面上只有12个数，能表示24时计时法吗？

（2）钟面上时针转两圈，拉成两条直线。

① 第一圈（0—12时）。

结合情境学习深夜12时是0时、凌晨1时是1时、凌晨2时是2时。

教师把时针转的第一圈展开成1条线段。

师：这条线段表示哪个时间段？（凌晨—中午）

师追问：两种计时法的数字一样吗？

② 第二圈（12—24时）。

创设情境学习下午1时就是13时。

师：你是怎样想的？

教师在学习过程中展开第2条线段，问：这是钟面时针转第几圈形成的线段，它表示哪个时间段？（中午—晚上）

接着对应着第一条线段学习下午2时是14时，傍晚6时是18时，深夜11时是23时。

观察：两种计时法的数字还是一样的吗？

板书设计如图4-4-2所示。

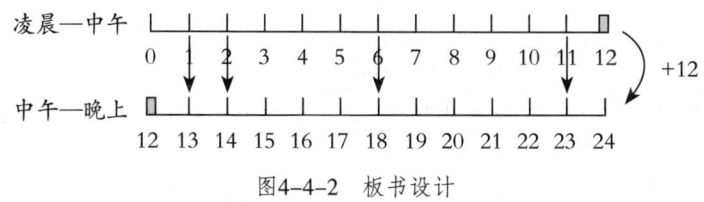

图4-4-2 板书设计

二、同课异构学习效果情况

本次同课异构的两个班级学生基础不相上下,最近3个单元的检测平均分差距都在2分以内,在同课异构前进行了相应的前测练习,课例一学生正确人数是30人,正确率是75%;课例二正确人数是33人,正确率是78.57%。

课后,用5分钟时间做同一份后测练习,其中一道题目是:

图中吃饭情境,是指晚上6时,也就是18时。

普通计时法:

24时计时法:

针对这道练习进行对比(表4-4-1):

表4-4-1 对比明细表

	学生人数/人	计时方法	错误人数/人	错误率/%	备注
课例一	40	普通计时法	14	35	用2圈表示24时
		24时计时法	16	40	
课例二	42	普通计时法	7	16.7	展开2条线段表示24时
		24时计时法	11	26.19	

课例二部分错例摘录(图4-4-3):

1. 普通计时法:晚上6时15分
   24时计时法:晚上18时15分
	2. 普通计时法:下午18:15
	   24时计时法:6:15

3. 普通计时法:下午6:15
   24时计时法:下午18:15
	4. 普通计时法:晚上6:15
	   24时计时法:晚上18:15

5. 普通计时法:6:15
   24时计时法:18:15
	6. 普通计时法:晚上6:30
	   24时计时法:18:30

图4-4-3 错例摘录

第3、4中错例各有两位学生出现同样的错误。

另一道后测练习题是：下面有一份停电公告

11月25日上午10：00——下午1：20北华小区

24时计时法表示：（ ）—（ ）

下午：1：00—3：00西华小区

24时计时法表示：（ ）—（ ）

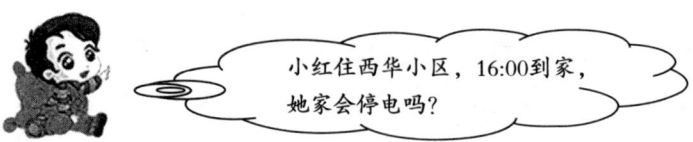

检测情况明细见表4-4-2。

表4-4-2 检测情况明细表

	上午10：00		下午1：20		下午1：00		下午3：00		会停电吗？	
	错误人数/人	错误率/%	错误人数/人	错误率/%	错误人数/人	错误率/%	错误人数/人	错误率/%	错误人数/人	错误率/%
课例一	9	22.5	16	40	12	30	11	27.5	14	35
课例二	3	7.14	8	19.05	5	11.9	8	19.05	1	2.38

三、图式表征课堂教学运用的优越性

根据上面的数据显示，课例二学习效果比较好，新课后测练习错误率比课例一更低。观察课例二的部分错例主要出现的错误是：①24时计时法没有去掉表示时间的词语；②普通计时法的错误"晚上6：30"导致24时计时法的错误"18：30"；③普通计时法和24时计时法的表示方法混淆，普通计时法用"下午18：15"表示，24时计时法用"6：15"表示。纵观这些学习困难学生的错误情况会发现：他们对于普通计时法和24时计时法相差12很清楚，那么仅从这节课知识点的学习情况来看，他们是理解的。

我认为，图式表征的运用对于学生理解概念很有帮助。我试从以下几点加以分析：

（1）直观、形象，有助于理解概念。

课例一用两个圈表示24时，第一圈是0—12时，第二圈是13—24时，从第二圈开始，对应着钟面的数加12，去掉表示时间的词语，就是用24时计时法表示钟面上的时刻。课例二是抽象出类数轴的时刻关系帮助学生理解，第一条线段是表示凌晨到中午这段时间，第二条线段是表示从中午到晚上的时间段。把钟面时针走两圈拉直成两条线段，在这两条线段之间，教师还用箭头表示出第一条线段的数和第二条线段的数相差12（在箭头旁边标出+12），而这些是用钟面图不能实现的功能。对于学习困难的学生，这样会更加形象、直观、具体，容易理解。

（2）提炼生活素材，突显知识结构，有助于理解概念。

课例一直接用生活素材钟面学习24时计时法，由于钟面在生活中常见，一些无关这节课学习的信息会对学习困难学生的理解有干扰作用，如时针、分针、秒针的行走，特别是秒针的运行容易分散学生注意力。而课例二就避免了无关信息对学生的干扰，它是在生活素材的基础上抽象出类数轴帮助学生学习新课，对于学生理解知识结构，学会普通计时法和24时计时法之间的转换，理解数学本质很有帮助。

（3）"一一对应"数学思想方法有助于理解概念。

课例一的内外两圈体现了"一一对应"的数学思想，但没有课例二明显。课例二用上、下两条线段表示普通计时法和24时计时法的"一一对应"关系，由于是上下对应，教师用箭头连接了上下两条线段对应的数，如1时对着13时，2时对着14时，11时对着23时，在箭头指向的同时，可以清晰地看出它们之间相差12。这种"一一对应"数学思想方法的渗透，对于中年级学生以形象思维为主的学习很有帮助，同时可以培养学生良好的数学素养，帮助学生更好地用数学眼光看待生活中的问题，并学会合理解决问题。

由此可以看出，图式表征的运用有助于学生更好地理解知识内容。小学阶段是打基础的阶段，也是好习惯养成的良好时机，教师的演示以及指导学生画图理解知识，特别是学会画草图，对于学生的后续学习很重要，教师要加强学生在这方面的运用和指导。

教学过程中学生的建构主义的应用一直是热门课题。小学数学中有很多概念，教材和练习中对于概念的呈现都比较抽象，在小学数学教学过程中促进学生的知识建构是促进学生对各种概念理解的有效途径。根据学生从以具体形象思维为主向抽象逻辑思维过渡的年龄特征，学习过程中借助几何直观帮助学生分析、理解概念，可以有效地帮助学生思考问题，进行知识建构。概念知识的建构过程，也是思维训练的过程，只有掌握正确的概念，才能正确地判断和推理，提高学生的分析、概括能力，培养学生抽象逻辑思维能力，优化学生数学思维。

下文的案例可以比较好地对这一问题进行说明。

案例4-6

概念教学中借助几何直观优化学生思维建构

广州市白云区三元里小学　崔婉婷

小学数学中有很多概念，包括数的概念、运算的概念、量与计量的概念、几何形体的概念、比和比例的概念、方程的概念以及统计初步知识的有关概念等。这些概念是构成小学数学基础知识的重要内容，学生有了正确、清晰、完整的数学概念，有助于掌握基础知识，提高运算和解题技能。

教材和练习中对于概念的呈现都比较抽象，小学生理解起来相对比较困难。《义务教育数学课程标准（2011年版）》在"课程设计思路"中提道："几何直观主要是指利用图形描述和分析问题。借助几何直观可以把复杂的数学问题变得简明、形象，有助于探索解决问题的思路，预测结果。几何直观可以帮助学生直观地理解数学，在整个数学学习过程中都发挥着重要作用。"

一、理解概念内涵，丰富学生形象思维

小学阶段特别是中、低年段是形象思维活跃的阶段，学生对提供的具体形象材料很感兴趣，容易展开丰富而逼真的想象来理解抽象的数学概念，此时学生的形象记忆力很强。这对于知识的建构和思维的发展都有帮助。因此我们在教学中，要把握好形象思维的最佳培养时期，为培养更复杂的创造性

思维奠定良好的基础。

例如，在学习周长和面积的概念时，抽象的概念很难让学生理解和想象，如果让学生记忆更是增加了学生的学习负担。教师在教学中借助几何直观理解概念，教学过程就显得很生动。

示例一：理解周长和面积概念

封闭图形一周的长度，就是图形的周长。物体表面或平面图形的大小叫作面积。为了让学生理解周长和面积的概念，教师在黑板上画两个圆（或任意两个同样的图形），请两个学生分别表示出这两个图形的周长和面积。

学生表示圆的周长和面积如图4-4-4、图4-4-5所示。

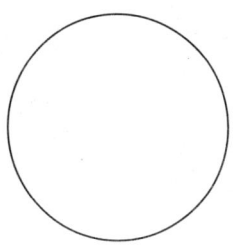   

图4-4-4　圆的周长　　　　图4-4-5　圆的面积

让学生说出这样表示周长和面积的理由，就是对概念内涵的理解，可以更好地区分容易混淆的概念。

示例二：比例的基本性质

应用比例的基本性质，判断下面哪组中的两个比可以组成比例。

$$1.4:2=28:40 \qquad \frac{0.3}{4}=\frac{6}{80}$$

比例的基本性质用语言描述：在比例中，两个外项的积等于两个内项的积。学习能力比较弱的学生对此理解会比较困难，可以形象地用图4-4-6中箭头的方式表示。

图4-4-6　在比例中，两个外项的积等于两个内项的积

让学生说明为什么上图这样表示，学生用自己语言表述的过程就是理解比例的基本性质的过程。

很明显，以上两个示例中的概念都很抽象，即使要求学生背下来，也只是机械的记忆，对于学生以后应用概念和进一步学习不利。而这里借用几何直观表示概念，被容易理解，还能吸引学生的注意力，激发学生的学习兴趣，丰富了学生的具体形象思维，培养了学生思维品质的深刻性。

二、优化认知结构，发展学生抽象思维

学习是一个知识不断积累的过程，知识积累在头脑中形成良好的知识结构，而良好的知识结构是以一定的思维方法为指导构建起来的，故其本身蕴含着思维方法。我们在研究数学知识时，不能只停留在表面，而要提示知识所蕴含的思维方法。例如，在学习分数的初步认识时，既要让学生学会分数的概念，又要注重培养学生的抽象思维。

示例三：分数的初步认识

谢家庄小学展示课例三年级上册"分数的认识"。

怎样表示半块月饼的大小，理解几分之一？教师不是直接揭示分数的写法，而是用启发式语言激发学生思考，训练学生思维。

师：同学们，如果需要表示出这半块月饼的大小，你们能用数字、符号或者是你们喜欢的图形设计出一种表示方法吗？

教师放手让学生展开想象，自己设计半块月饼的表示方法，学生觉得很有趣。收集学生部分作品如图4-4-7所示。

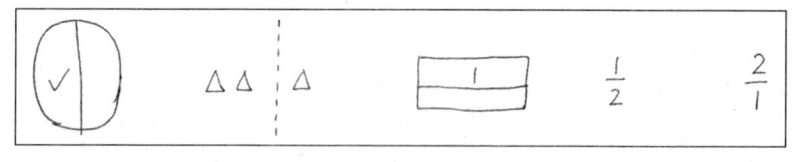

图4-4-7　学生部分作品

学生很用心设计$\frac{1}{2}$块月饼的表示方法，虽然学生表示$\frac{1}{2}$分数大小时不一定很严谨，但每一种表示方法都有着学生对问题的思考和对分数概念的初步感知。学生把对分数概念的理解用图或符号表示出来，有了这种理解和感知，再让学生用通俗易懂的语言解释说明理由，可以看出学生对分数概念的理解是很深入的。最难能可贵的是，在知识构建中学生的抽象思维得到发展，思维品质的灵活性和创造性得到培养。

三、辨析概念，提高学生的分析、判断能力

伴随着学习知识和练习的过程，学生会有许多困惑或者困难的地方，如何帮助学生辨析概念，做好课本上的练习题很有讲究。在实际教学中，教师不妨多了解一些学生在解答每道练习题时的心理特点，借助几何直观帮助学生分析，并善于分散练习的难点，形成合力，集中攻破练习难点，保证学生的练习有向、有序和有效，同时提高学生的分析、判断能力。

示例四：平面图形的复习

学习内容：义务教育教科书六年级下册第89页练习十八第1题（3）（4）小题，如图4-4-8所示。

> （3）两条直线相交组成的4个角中如果有一个角是直角，那么其他3个角也是直角。（　　）
> （4）任何两个等底等高的梯形都能拼成一个平行四边形。（　　）

图4-4-8　课本小题截图

要对这两题进行判断，让学生自己理解并要求用图表示出来。其中第（3）小题画图如图4-4-9所示。

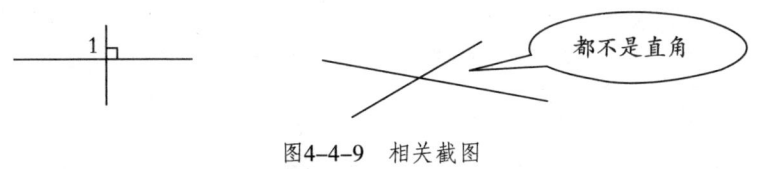

图4-4-9　相关截图

学生说明理由时的主要依据是：平角是180°，那么∠1=180°－90°=90°，同理其他的角都是直角，从而可以判断是对的。

第（4）小题让学生画图，展示学生作品如图4-4-10所示。

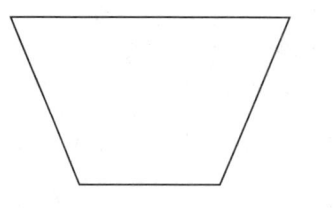
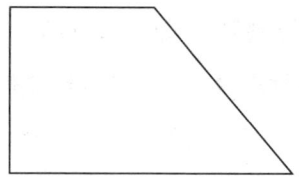

图4-4-10 学生作品展示

显然这两个梯形是不能拼成一个平行四边形的，通过这题学生明白：只要找出一个反例子，就能判断这种说法是错误的。

通过以上的练习，学生对概念理解更清晰，利用画图分析、几何直观理解提高判断能力。

练习内容：爷爷把菜地的 $\frac{3}{5}$ 种了西红柿，$\frac{2}{5}$ 种了茄子，$\frac{1}{5}$ 种了辣椒。

为了辨析对错，画图理解，借助几何直观很容易判断（见图4-4-11）。

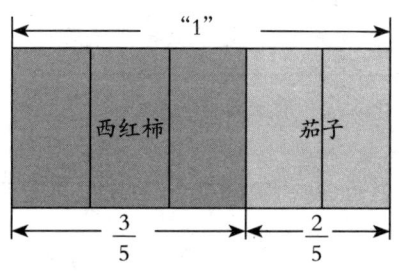

图4-4-11 看图判断

图片说明：西红柿占菜地的几分之几，茄子占菜地的几分之几。西红柿和茄子合起来是这块菜地"1"。

学生分析判断后，要求学生根据图示说明理由，在学会知识、发展思维中，培养了学生的口头表达能力。

示例六：三角形的分类

课本练习内容：义务教育教科书四年级下册第65页第5题。

图片说明：有5个洞，等腰三角形、等边三角形、锐角三角形、钝角三角形、直角三角形，根据蚂蚁的形状进入对应的洞中。

在这道题的实际教学中，教师常常乐于用课件动漫演示的形式使学生感到此题很新颖和有趣,而看不到学生在解答此题时所产生的一些困惑。在听课过程中,我们也多次观察到学生在练习中的茫然和无助,不仅花费的时间多,而且弄不明白,为什么某一个"角"可以进2个洞,而有的两种不同的角却又进同1个洞。其实这道题的知识背景涉及角的分类,可以用图4-4-12简洁明了地表示。

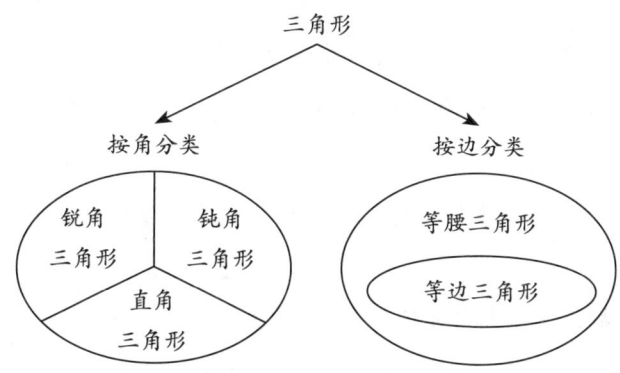

图4-4-12 三角形按角分类有(3种)和按边分类有(2种)

这样等腰直角三角形的蚂蚁就要进等腰三角形和直角三角形两个洞。而锐角等腰三角形和钝角等腰三角形同时进1个洞。再加上学生不太清楚此题的基本解题要求,所以学生在练习中容易顾此失彼,进错洞或有的蚂蚁漏进洞。

教学片段:

请同学们看上图中三角形的分类,认真辨析概念,并进行理解,再看课件及出示的问题(课件中每只蚂蚁被编了号码)。

(1)以等边三角形为例进行教学,让学生思考该蚂蚁应该进哪个洞,并说明为什么(根据所分类的特征进洞),用连线的形式完成该题。

这个教学环节主要是让学生了解解答此题的基本要求。(根据分类连线进洞)

(2)以等腰直角三角形为例进行教学,让学生思考这只蚂蚁又应该进哪个洞。(引发思维的碰撞,试图破解难点)

教师根据学生的回答,列举两种不同的连线方式后再追问:为什么这只蚂蚁(三角形)既可以进等腰三角形的洞,又可以进直角三角形的洞?

生1:……

生2：……

小结：因为这些三角形的洞是按不同的标准分类而设置的，有的是按边分类，有的是按角分类，所以有的蚂蚁可以进两个洞。

……

解读分析：这道课本练习题，乍一看，有趣，挺简单的！但放手让学生完成时才发现问题很多，学生对分类标准的认识还不够深刻，因此会出现连错线、漏连线等诸多情况。教师在学生做练习前要通过充分的备课（备题），关注到学生练习时有可能遇到的困难，用图清晰地表示三角形的分类，力求让学生明确概念，学会分析，分散练习难度，形成思考问题的恰当坡度，从而有效减少学生练习时的错误，使学生充分体验到练习带来的成功感和乐趣。

四、统整概念，培养学生概括能力

小学数学概念的学习一般不是连续一次学完，而是分成不同单元、不同时间学习，这样概念在学生头脑中就比较零散，而学生要记忆、理解并应用这些概念解决问题，就会感觉吃力。教师要有意识地帮助学生统整概念，使学生形成知识体系，优化知识结构。在这个过程中，学生的概括能力同时得到提高。

示例七：相邻单位间的进率

小学生学过的常用长度单位、面积单位、体积单位和容积单位之间的进率主要包括如下：

1米=10分米

1分米=10厘米

1平方米=100平方分米

1平方分米=100平方厘米

1立方米=1000立方分米

1立方分米=1000立方厘米

1升=1000毫升

1立方分米=1升

1立方厘米=1毫升

相邻单位间的进率有10、100和1000等，看上去比较凌乱，难以记忆。教师可以借助几何直观用图帮助学生整理这些进率，清晰有条理。教师在课堂中让学生独立仔细观察，找规律，同伴合作，在教师的帮助下概括总结，简洁地表示它们之间的进率如图4-4-13所示。

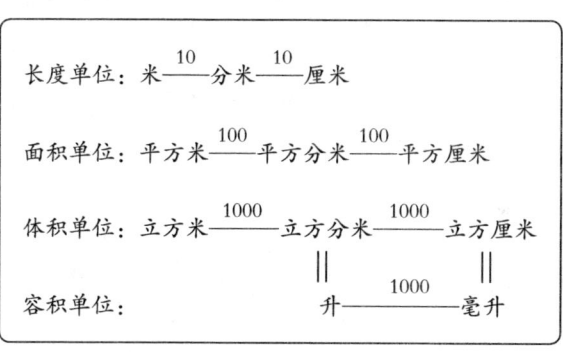

图4-4-13　单位间的进率

示例八：平面图形的复习

把学生所学过的四边形根据特征，找出它们之间的关系，如图4-4-14所示。

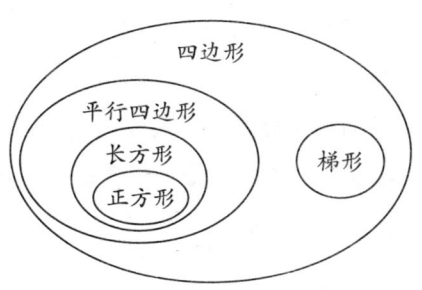

图4-4-14　四边形关系图

示例七和示例八都是借助几何直观用图把零散的知识总结、分类整理。示例七让学生看图清楚地理解常用的长度单位、面积单位、体积单位和容积单位之间的进率，避免了学生重复记忆。这时教师再适时补充其余的单位进率，如1千米=1000米、1公顷=10000平方米等。示例八可以很清晰地看出这几种平面图形的包含关系。借助几何直观利用图整理概念，可以有效地帮助学生形成良好的知识结构，培养学生的概括能力。

小结：

小学数学学习的概念内容多，要帮助学生进行知识建构，教师要根据学生的年龄特征展开教学，借助几何直观利用画图让学生充分感知，把抽象、复杂的数学知识简单化，丰富学生的形象思维。此外，教师还要重视培养学生抽象逻辑思维，使学生学会分析、判断和推理，帮助学生思维建构，优化学生的数学思维。

值得一提的是，如果不是知识本身严谨的需要，在学生理解知识或解题时，应鼓励学生画草图帮助理解知识，这样学生就不会因为画图需要用数学用具太麻烦而抵触画图了。

二、学科理论

发展教师的专业技能，除了注意教育心理学理论的基本要求之外，小学数学学科本身的学科理论和规律也是其中必须重点关注的理论基础。例如，《义务教育数学课程标准（2011年版）》在课程实施建议中提道："教学中应尊重每一个学生的个性特征，允许不同的学生从不同的角度认识问题，采用不同的方式表达自己的想法，用不同的知识与方法解决问题。鼓励解决问题策略的多样化，是因材施教、促进每一个学生充分发展的有效途径。"因此，教师在人教版义务教育教科书时，可以让学生独立思考，鼓励学生用多种方法解决同一问题，及时肯定他们的想法。学生感觉自己受到尊重，积极性很高，参与面广。其中部分学生参与度很深，体现了课程标准的基本理念："不同的人在数学上得到不同的发展。"

下文这个案例分析了利用数学学科本身的规律，让学生探索解决问题策略的多样化，从而促进学生发散思维和创造力的发挥。

案例4-7

解决问题策略的多样化，促进不同层次的学生发展

广州市白云区三元里小学　崔婉婷

案例教学内容：义务教育教科书二年级上册第58页例题5，试列举本节课的两个教学片段。

片段一：教学过程

用故事引入，课件展示课本美丽的主题图，深深地吸引了学生的注意力，这里一共坐了多少人呢？

教师补充：会用一种方法奖励一颗星星。

（开学初，我给每个学生发了一本"摘星星"本，摘到的星星累积到一定数量，会有奖励。听说有星星奖，学生很高兴，个个摩拳擦掌……）

学生进入积极思考的状态。一会儿，一只只小手高高举起。

生1：第一个木马有3人，第二个木马有3人，第三个木马有3人，可是还是有一个木马只有2人，3+3+3+2=11（人）。

生2：每棵有3个玉米的，有3棵，我会用乘法3×3+2=11（个）。

生1：我还有……

一只只小手高高举起，有的学生恨不得爬到桌子上、凳子上，跑到讲台上，让我看到他在举手，望着一双双迫切的眼睛，我真不忍剥夺他们的发言权，我改变方式，分小组说自己的想法，小组内受表扬的奖励星星，我也参加学生小组的发言和倾听。

我给了每个学生发言的机会后，继续全班汇报。

生3：我一次也没说，我说吧。我还可以把每个木马都看成坐了3人，3×4=12，但是第4棵少了一个，12-1=11（个）。

生4：4×3-1=11（个）

生5：3+3+3+3-1=11（个）

生6：2+2+2+2+3=11（个）

生2：2×4+3=11（个）

（我肯定了学生用多种方法解答的积极性，并兑现了会一种方法奖励一颗星星的承诺，奖励星星时，没机会对全班汇报，但方法对的学生照样奖励星星）。

师：我们会用几种方法计算？

部分学生：7种。

生2：不对，6种，生3和生4的想法是一样的。

师：这6种方法，你喜欢用哪种呢？

（我把学生喜欢的方法做了统计，其中3+3+3+3-1=11、2+2+2+2+3=11和2×4+3=11的支持率最低。）

生7：2+2+2+2+3=11和2×4+3=11这样做，很容易看错的。

生8：3+3+3+3-1=11太麻烦了。

有一部分学生觉得3+3+3+2=11不够简便，但又有一部分学生喜欢这种方法，当学生为此争执不下时，教师说：3×3+2=11和3×4-1=11比较简便，我喜欢用这两种方法（部分学生做鬼脸）；但是我们班有些学生觉得3+3+3+2=11更容易做，我觉得也是可以的（另一部分学生窃喜）。我们都可以用自己喜欢的、简便的、容易想的方法做。

分析：

经过独立思考、学习交流，不同层次的学生都在原有的基础上有所提高，不会的学生学会了一种方法，会一种方法的学生学会了两种，会两种方法的学生学会了三种解法，会三种解法的学生又想到了第四种、第五种，学完后，我对学生掌握各种方法的情况做了统计，见表4-4-3。

表4-4-3 "我学会了"统计表

项目 数量 列式	人数/人	占全班的百分率/%	备 注
3+3+3+2	46	100	很直观
3×3+2	44	95.7	比较直观
4×3-1	38	82.6	比较抽象

收集学生的作业后，我发现：学生比较喜欢用乘法计算，是他们觉得简便，还是我上课说这两种方法简便的缘故？那就不得而知了。

片段二：学生活动

用学生生活中的情境，激发学生兴趣。（课件显示情境图）"妈妈买回来一些苹果，分给爸爸、妈妈和我每人4个，今天中午，我吃了1个，你知道我们家现在还有多少个苹果吗？"

（学生操作）

学生拿出课前准备的小苹果图，自己动手摆一摆。我周围巡视了一圈，发现大部分学生的操作是先摆12个苹果，然后在"我"的苹果中拿走一个。

列式是：4×3-1=11（个）

师：要知道"我们家"现在有多少个苹果，你会用几种方法呢？请把你的想法列式写在老师准备的教具大苹果上面。

展示学生的作业：

4×3-1=11（个）

4×2+3=11（个）

4+4+3=11（个）

有部分学生的大苹果上有不同的列式：4+4+4-1=11（个）

组织学生讨论，哪些方法比较好，学生各抒己见，最后集中选择几种想法，自己选择适合自己的、自己喜欢的方法做。

师：如果妈妈又吃了1个苹果，我们家还有几个苹果呢？请你把想法列式写在教具大苹果上面。

大部分学生的列式是：

4+3+3=10（个）

4+3×2=10（个）

4×3-2=10（个）

3×3+1=10（个）

少部分学生的列式是：

4+4+4-1-1=10（个）

4×3-1-1=10（个）

师：你们还能改一改这题吗？

生1：爸爸也吃了1个，我们家现在有几个苹果？

生2：爸爸和妈妈都吃了1个，我吃了2个，我们家现在有几个苹果？

生3：爸爸吃了1个，我和妈妈都吃了2个，我们家现在还有几个苹果？

师：把你自己改的题目列式写在本子上，交给老师改，好吗？

分析：这次活动的目的是帮助学生巩固用所学的知识解决生活中的实际问题。基础比较差和中等层次的学生基本上理解用乘法计算解决实际问题比

较简便；基础好、思维活跃的学生，不甘于只用两种方法计算，积极采用多种方法解决问题，从不同的角度思考，探求多种方法，这对于培养学生的发散思维是很有好处的。同时，这次活动使得"不同的人在数学上得到不同的发展"，尽量满足每一个学生的数学需要，最大限度地开启每一个学生的智慧潜能。

最后布置开放式作业，让学生展开思维的翅膀，自己编题，自己解答，为思维好的学生搭建表演的舞台。

反思：

（1）解决问题策略的多样化，要学会选择适合自己的方法。

《义务教育数学课程标准（2011年版）》中提道："解决问题策略的多样化，但并不意味着解决问题策略越多越好，实际教学中处理好学生的主体作用和教师的主导作用，才能真正体现数学课程标准的精神，提高学生的学习能力。"

体现学生的主体作用：①在学习时，给予学生充分的时间，让学生独立思考，根据自己的生活经验和知识基础，发散思维，让学生从多种角度思考，不局限于只学会一种方法；②在思考时，不墨守成规，不囿于传统方法，在培养求异思维的同时不断让学生由已知探索未知。

例如，我前面所说的例5的教学和片段二的学生活动，我都给予学生充分的时间，让学生用多种方法计算，根据学生的不同层次（学生有的只会一种方法，有的会五六种方法），我采用奖励星星的措施激励学生思考，但教师的主导作用仅仅体现在这里，只是完成了一部分，因为学生介绍的方法多种多样，基础差的学生会感觉无所适从，也觉得很难理解多种解法，这样会削弱他们对学习的信心。

这就要求教师要发挥好主导作用，在前面的例5和片段二的学习中，我都组织学生讨论交流，优选出简便、易理解的方法，这种优选方法的过程不是教师取代完成，是由不同层次的学生交流自主完成，不同层次的学生根据自己的理解，选择适合自己的一种或多种方法，解决实际问题。

解决问题策略的多样化，要重视优选，学生喜欢的、认为容易理解、简便的就是最优的方法，教师也许觉得复杂，可是基础差的学生感觉容易理解，多次运用后，熟能生巧，不可否认，对于这个学生来说，这仍然是最好的方法。

(2) 学习交流中，让不同层次的学生得到发展。

在教学中，我们不是采用小班制，课堂教学中面对的学生，人数比较多，教师容易顾此失彼。我本学期新接手二年级的数学教学，开家长会时，家长非常紧张自己的孩子，纷纷围着我，不厌其烦地向我介绍自己孩子的情况。由于现在都是独生子女，家长面对一个孩子，都希望自己的孩子能成为有用之人，我非常理解家长的心情。那么，作为教师，如何使不同的学生数学上有不同的发展呢？

学生的知识可以通过多种途径获得。教师在课堂教学中，组织学生交流讨论，不失为一种好的教学形式，既可以使基础比较差的学生在倾听中借鉴别人的方法，也可以使中等层次的学生在交流中学会多种方法，更可以使思维活跃的学生，为了表现自我，不断吸取他人的方法，并尝试有所突破，他们的学习热情高涨，在增强自信心、学会知识的同时，发展了思维。

例如，我班有一两个学生，学习数学反应比较慢，学习例5时，刚开始只会用3+3+3+2=11，在与同学交流后，他们学会了3×3+2=11；其他大部分学生在交流中，能够学会书本中的三种方法；有几个思维好的学生，绞尽脑汁，想出多种方法，虽然不一定简便，但从长远来看，对于培养学生的创新思维是很有益的。

以上三类学生，能说他们不是在进步吗？

在课堂教学中，教师要选择适当的学习内容，安排充分的时间组织学生讨论交流，教师做好组织、调控工作，既可以使全体学生打好基础，又可以使基础好的学生有展示才华的机会，激发他们向更高的目标攀登。

(3) 不断提高学生思维的灵活性和敏捷性。

数学是思维的体操，数学课的任务不仅要让学生学会数学知识，还要重视训练学生的思维。

学生的思维训练是一个长期的过程，渗透教学的每一个环节、各部分的知识内容，解决问题教学是训练学生思维的良好素材，教师鼓励学生解决问题策略的多样化，学生为了得到教师和同学的表扬，也会竭尽所能、积极

思考，不满足原有的知识基础，寻求多种解题思路，特别对于低年级学生来说，能够以此赢得大家的赞同和肯定，他们觉得是值得的。在数学课堂教学中，形成学生积极思考的氛围，不正是我们所需要的吗？

例如，前面提到的例5和片段二的学习活动，学生所用的方法多种多样，超出了课本中列举的方法，有些想法教师都不一定能想到，学生的思维非常灵活而且敏捷，长期重视训练学生的思维，这是我们数学教师的责任。

人的大脑就像一台机器，越用越灵活，大脑在数学学习中，处于兴奋状态，学习知识的效果比较好，这时思维敏捷而且灵活，反应快，正如我们通常所说的"聪明"，可见，"聪明"是可以后天培养的。

既然这样，在教学中，我们何不多创造一点机会，训练学生的思维，提高学生思维的灵活性和敏捷性，让他们更加"聪明"呢？！

作为数学教师，真是任重而道远啊！

三、小学数学教法实践

不同学科有不同的教学方法。随着人们对教学过程专业性的认识不断深入，教材教法内容成了一个教师专业成长过程中必须努力掌握和深刻体会的最核心的内容。其中小学数学体验教学是指学生在教师的引导下，在数学活动中主动参与、亲身经历，获得对数学事实和经验的理性认识和情感体验。教师可以从情感体验、生活体验、活动体验、交往体验和错误体验五个方面进行思考。情感体验是指要给学生宽松、和谐的学习环境以及成功、失败的体验。生活体验不仅体现在课堂教学中，还延伸到课外学习。活动体验主要是在"玩""做"中体验，关注体验的生成性，切忌体验形式化。交往体验让学生学会与人相处。错误体验是让学生经历错误，并学会自我纠错，最终解决问题。

案例4-8

小学数学活动体验的实践

广州市白云区三元里小学　崔婉婷

数学是思维的体操。对于小学生来说，严谨、逻辑性很强的思考过程，容易产生枯燥的感觉以及厌烦的情绪。这就要求数学教师善于调节课堂气氛，根据小学生的年龄特征，让学生自己体验、亲自实践，在玩中不知不觉地学习数学。学生自主参与、体验知识的形成过程，印象深刻，学习效果比较好。正如《义务教育数学课程标准（2011年版）解读》中提道："有必要改变教科书这种'传统'的呈现形式，以使得它能够'有利于学生主动地进行观察、实验、猜测、验证、推理与交流等数学活动'。也就是说，教科书应使学生的数学学习过程主要表现为一个探索与交流的过程。"那么，我们的课堂教学就要给学生创造探索与交流的空间，把课堂学习时间还给学生，让学生在体验和发现中学习，成为课堂学习的小主人。

小学数学体验教学是指学生在教师的引导下，在数学活动中主动参与，亲身经历，获得对数学事实和经验的理性认识和情感体验。教学过程中学生以认知主体的身份亲自参加丰富生动的各种数学活动，在活动中获得丰富的个人体验，以再创造的形式建构起自己对内容、意义和方法的理解。

一、情感体验的探索

1. 宽松、和谐的学习环境，激发数学情趣

课间与学生聊天，学生说："信息技术和体育课是好课。"听完学生纯真的回答，我陷入了沉思……为什么信息技术和体育课是好课？因为没有考试分数的压力，师生关系融洽。信息技术课有时还可以玩游戏，体育课到处活动，它们共有的特点是"好玩"。那么，是否也可以营造宽松的环境，通过各种活动、游戏让数学课变得好玩呢？

平时，教师对学生的期望值很高。试着想一想，十个手指伸出来都不一样长短，我们不是要把每一个学生都培养成名牌大学生，而是要尽可能帮助学生不断进步。教师的想法改变了，对学生的要求会有所不同，师生关系

就会比较融洽。利用数学课介绍数学家和他们的发明，让学生感受数学的魅力；设计有趣的数学游戏，带学生到户外参加实践活动，解决实际问题，同时又可以让学生懂得学数学是有用的。学生亲身体验"数学好玩"，教师努力创设和谐、轻松的学习环境，可以有效地激发学生对数学学习的情感。

2. 成功、失败的体验

曾经看过报道：某大学生由于不能承受挫折，跳楼自杀。小学数学教育中要有意识地创造机会让学生体验成功和失败。一般情况下，乖巧听话的学生承受挫折的能力弱一些，因为成功的体验多，偶尔犯错，教师也会不忍心责怪。淘气、学习成绩落后的学生受批评机会多一些，这样他们就容易缺乏自信。在课堂教学中，我们要善于发现暂时落后学生身上的闪光点，及时肯定和表扬；对于乖巧的学生，如存在问题时，我们也要指出其缺点，让他们也有受批评的体验，这对于学生来说也是一笔难能可贵的财富。

对于顽皮的学生，教师要挖掘他们的优点进行表扬，促进他们更好地学习。对于优等生的情感体验，为了让他们的体验更加丰富，教师应适时出一些难度比较大的练习题给他们做，让他们知道学习知识是无止境的。当他们能解决这些难题时，会有成功感；当他们不能解决这些难题时，会有挫折感，教师应引导他们在挫折中激发起迎难而上的勇气，而不是知难而退。

障碍与失败是通往成功最稳重的踏脚石，肯研究利用它们，便能从失败中培养出成功。在教学中，我们要有意识地让学生体验成功的乐趣和失败的教训，目的是让学生取得更多的成功。

二、生活体验的探索

《义务教育数学课程标准（2011年版）》中提道："数学是人们生活、劳动和学习必不可少的工具，能够帮助人们处理数据、进行计算、推理和证明，数学模型可以有效地描述自然现象和社会现象。"学习数学是为了更好地解决实际问题。因此，教师不仅可以在课堂内让学生进行生活体验，还可以把学生的生活体验延伸到课外。

1. 课堂教学中的生活体验

小学生主要是在课堂教学中进行学习，我们在课堂教学中要重视学生的生活体验。《义务教育数学课程标准（2011年版）》在教材编写建议中提道:"应力求从学生熟悉的生活情境与童话世界出发,选择学生身边的、感兴趣的事物,提出有关的数学问题,以激发学生学习的兴趣与动机,使学生初步感受数学与日常生活的密切联系"。

在执教五年级数学广角"找次品"时,有教师设计在3个和5个物品中找次品,联系学生的生活进行教学。选择学生中最常见的情境,并把这个情境拍成录像在课堂教学中使用效果更好:教师在班级中找到一个学生表演在5瓶矿泉水中随手拿了一瓶喝,半小时回来,却很难找到自己喝过的那瓶。

全班学生全神贯注地观看,当屏幕上出现字幕"我刚才喝的是哪一瓶呢?"学生七嘴八舌地说开了:"比一比水的高度""倒过来比一比水的高度""全部拧开来看看",针对学生的各种回答,教师让学生比一比亲自体验,原来比水的高度是行不通的,因为外包装的广告挡住了里面水的高度;全部拧开了,谁还敢喝剩下的水?这样设计问题情境,比用课件演示在一堆零件中找次品,可以更好地激发学生的学习兴趣与动机。因为喝水是学生生活事件,而零件的概念对于学生还是比较陌生的。

课堂教学的生活体验不仅可以在教室内进行,还可以走出教室,在室外进行。

教学圆柱的表面积和体积计算后,用连续的两节课上练习课。第一节课教师在教室内问学生:"你们在我们的校园内见过圆柱吗?""关于圆柱你还想了解什么?"

生1:这个圆柱里装了多少土呢?

生2:瓷砖的表面积是多少呢?

生3:需要多少块瓷砖呢?买这些瓷砖需要多少钱?

学生带着各种不同的问题到校园操场测量自己需要的数据,教师与学生一起参加测量活动,并把测量过程和测量的数据拍成录像,方便同学之间交流讨论。

第二节课回到教室,学生交流测量过程,教师播放学生测量的录像,学生兴致很高,解决了一个又一个问题,而且考虑问题很细致,计算圆柱内土的体积,还减去了树在土中占有的体积。计算瓷砖的表面积学生一般都是测量周长进行计算。这时教师适时对学生说:"平时的练习中已知周长求面

积,并不是老师为难你们,是因为生活中有时测量周长比测量半径更容易和准确。"学生听了连连点头,第二节课下课铃响了,学生依依不舍不肯下课,还在不断提出新的问题、解决新的问题……

现实生活中蕴藏了大量的数学信息,让学生用数学的眼光观察周围事物,并安排数学活动让学生在课堂内外亲自体验生活,在体验中建立数学与生活的联系;学生能把生活问题数学化,数学知识生活化,真正体验到数学源于生活,数学知识可以解决生活中的实际问题。这样在巩固课堂学习知识的同时,学生又体验到数学知识在实际生活中的应用价值,有效激发学生的学习热情,培养学生观察能力和分析、解决问题的能力。运用数学知识解决实际问题时,根据实际情况,学生要综合考虑各方面的因素,思路开阔、思维活跃,而且考虑问题会比较全面。

2. 生活体验延伸到课外

数学学科的主要任务是学好数学知识、发展思维、培养能力。学生能力的培养有多种方法,其中方法之一就是让学生课外体验生活,如为了培养学生环保意识,在植树节的日子,教师布置专题作业:在植树节你会做什么?有什么打算或想法?有一位学生写了数学日记,她在网上查看各种树的价格,准备在公园里认购树,并做了详细的计划。为了激励学生观察生活写数学小日记,教师还把写得好的学生日记推荐到网站或报刊上刊登、发表。学生看到自己熟悉的同学发表文章了,学习积极性很高,纷纷写出数学小日记,并通过E-mail发送至教师邮箱。

学生在写数学日记的过程中,要细致观察生活,在复杂的生活问题中筛选出有用的数学信息,用学过的数学知识解决这些复杂的生活问题。

三、活动体验的探索

《义务教育数学课程标准(2011年版)》在第二学段教学建议中提道:"数学教学是数学活动的教学,是师生之间、学生之间交往互动与共同发展的过程。"数学活动是外显行为,内隐的是学生的思维活动;课堂教学通过各种数学活动让学生亲自体验,有机地将二者结合,可以有效促进学生思维的发展。

1. "玩"中学习

2002年夏天，国际数学大会在北京召开，著名数学大师陈省身教授给广大少年数学爱好者题词"数学好玩"。数学给人们的印象是严谨、枯燥的。"数学好玩"既给小学数学教学提出新的要求，也给小学数学教学注入新鲜血液。

数学课堂的"玩"，主要形式有游戏、竞赛、表演、动手操作和角色互换等。

例如，分数意义教学中单位"1"是比较难理解的概念，可以让学生在活动中完成学习任务。为了吸引学生的注意力，教师找几位学生一起玩游戏。

在游戏中激发学生思考：

① ××同学是玩游戏人数的几分之几？为什么？

② ××同学是他所在这个组同学的几分之几？为什么？

③ ××同学占我们全班同学的几分之几？为什么？

接着教师让学生分别指出这三个问题中的单位"1"是谁。

然后分小组活动，说出自己或他人是××的几分之几？并找出单位"1"。学生在这个活动中学习热情高，不知不觉地理解了单位"1"。

又如，认识五年级第二学期体积单位时，关键要让学生理解1立方厘米、1立方分米和1立方米有多大？1立方厘米和1立方分米都容易找到相应的很多实物帮助理解，1立方米的物体虽然不难找，可是要搬到教室就不方便了。教师可以在班级中找出16个"小矮人"以及1个白雪公主进行表演：16个"小矮人"按4行4列半蹲排列，白雪公主手拿1米的直尺，测量这16个"小矮人"组成的1立方米的长、宽、高，16个"小矮人"随着白雪公主的测量调整自己的位置和高度，尽量接近1立方米。当看到16个"小矮人"半蹲还在不断挪动时，全班同学捧腹大笑，教师顺势让学生自己找小矮人进行组合，排列成1立方米的方阵。就这样学生在活动和笑声中形成1立方米的表象。

小学生年龄小，爱玩是天性，扼杀学生的天性是残忍的。教师不能以成人的标准来要求学生，教育学生从小要有理想、学习要有目标这是对的，但不能为了理想、为了目标，就要求学生不停地记忆概念和布置大量的练习来剥夺学生玩的权利。教师可以试着在学习和玩之间找到共性，让学生在学习

中体验玩的乐趣，在玩中理解概念、学会数学知识，在思考过程中发展思维。

2."做"中体验数学乐趣

我们知道，儿童的思维是从动作开始的，切断动作和思维的关系，思维就得不到发展。

课堂教学中一直让学生一动不动是不可能的，年龄越小，越爱动。因此，低年级的教学，教师还会设计"课中操"，让学生动动手脚。作为教师，我们不是要抑制学生"动"，而是要把学生的"动"用在数学课堂教学中"做"数学，让学生在"做"数学中"动"，在"动"中体验数学乐趣，同时学会知识，发展思维。

在课堂教学中，教师要重视让学生在动手操作中学习。例如，教学五年级第二学期长方体和正方体的认识，为了让学生建立长方体和正方体的表象，培养学生的空间观念，让学生自制长方体和正方体模型，在制作模型的过程中，学生清楚地看到长方体和正方体展开图，知道上、下、左、右、前、后各个面的位置和关系；还可以让学生用小棒和橡皮泥（或学生用的橡皮）做长方体和正方体框架，在框架中，学生知道8块小橡皮做了8个顶点，12根小棒做了12条棱，还知道12条棱分成3组，认识了长、宽、高。

小学生以形象思维为主，学生亲自操作，就在形象思维和抽象思维之间架起了一座桥梁，从而更好地理解知识，特别是立体几何知识难以直观观察，而操作既可以帮助学生想象和理解，又可以培养学生的空间观念。

一般情况下，教师组织学生在课堂中"做"数学时，往往会用真实物品或学具操作，这样方便学生观察，不过有时不用真实物品效果反而更好。

课例：找次品。

活动形式：分成二人小组活动。

活动内容：在3个物品中找次品（较轻的物品）。

活动过程：

（1）一人做天平（手势表示天平情况），一人称物品。

（2）一人往左右托盘各放一个物品，可能出现的天平情况如图4-4-16所示。

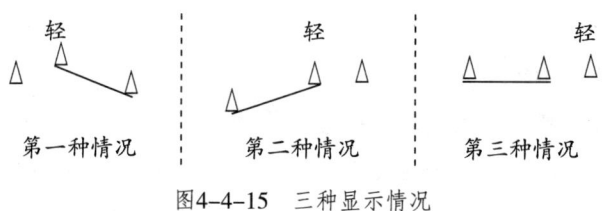

图4-4-15 三种显示情况

(3) 填写实验记录。

(4) 分析实验过程,得出结论(在3个物品中找次品,1次可以找到)。

如果这个操作过程不是通过手势完成,而是用真实天平找次品,学生就会被天平细微的变化纠缠,更多地关注天平,却忽略了找次品的方法。学生在找次品"做"的过程中,分析能力增强了,考虑问题也更加全面和周到。

3. 关注活动体验中的生成

课前教师都会对课堂活动有预设,预设只能代表教师个人的想法和经验。学生是来自不同家庭背景的独立个体,活动过程中,难免会脱离教师的预设,出现各种生成性资源。生成性资源可以提醒教师改进今后的教学,有效利用生成性资源可以使课堂学习活动更加精彩。叶澜教授说:"教学过程的真实推进及最终结果,更多地由课的具体进行状态,以及教师当时处理问题的方式决定。"这也体现出课堂活动的生成性以及教师灵活处理调整教学活动的重要性。

在执教"找次品"课例时,教师教学在5个物品中找次品,考虑教(学)具所用的矿泉水只是想到包装纸盖住喝了水的部分,这样学生就看不见喝了多少水,只能用天平称。没想到教师话音未落,就有学生说:"倒过来比一比水的高度。"包装纸只是包住矿泉水瓶的上半截,倒过来是透明的,能很清楚地看出水面的高低,不需要称物品就能找出喝了的那瓶水。这个活动中的生成性,为教师以后的教学提供了丰富的资源,完善了教师的教学预设。

不仅如此,活动中的生成性还会不断地给教学带来新的惊喜。生成性是课堂教学活动丰富性、开放性、自主性和复杂性的具体体现,可以有效激发学生的创造性和求异思维,促进学生深入思考,更需要教师运用教学机制调整教学预设,充分利用生成性资源组织活动,帮助学生理解知识,培养学生创新思维,从而使课堂活动焕发新的生命活力。同时,这对教师的教学也提

出了更高的要求。

4.活动体验切忌形式

新课程标准强调数学活动，让学生在数学活动中理解知识、发展智力、培养能力。课堂教学出现热闹的活动情境，教师在组织活动时，不能只看到表面的热闹，既要关注学生的思维训练，也要考虑每一个学生都要参与活动；既要考虑优等生的发展，也要关注暂时落后学生的进步。活动中要求大多数学生参与，带动每一个学生思考，活动才更有意义。

课堂活动形式灵活多样，但这些活动都要体现学生主动参与、自主探究学习。这种自主学习不是放任自流，是在教师的主导作用下开展各种活动。这些活动是有活动目标的，活动过程要有时间的保证，有时慢一些的学生刚准备开始活动，活动就结束了，然后看其他小组汇报，这样的课堂活动就没有发挥其应有的作用。

四、交往体验的探索

学校是社会的一角，学校既是学生学知识的地方，也是培养学生各方面能力的场所。

任何人走向社会都要承担社会不同的分工，要做好每一件事，就要学会与人合作、与人交往，共同协作完成任务。意大利著名诗人卢哈诺·维克雷申说："我们都是只有一只翅膀的天使，只有相互拥抱才能飞翔。"这句话形象而生动地阐述了人际关系的重要性。在小学数学教学中，教师要有意识给予学生交往体验，使学生在交往体验中学会与他人和谐相处。

学生个体与若干个学生以及教师之间的交往，组织形式有二人小组活动、四人小组活动或根据需要若干个人组成小组活动。若干个学生与若干个学生交往可以用竞赛的形式，也可以用合作的形式进行。

分小组进行活动，人数比较少，学生参与的机会比较多；参与活动过程中，学生学会了分工、学会了分享和倾听；在合作完成任务时明确每一位成员的重要性，学生不能"唯我独尊"，要学会与人友好相处，这对于独生子女来说，正是最好的交往体验，培养了学生的交往能力。

若干个学生与若干个学生交往，实际上是小组之间的交往。如果是竞赛的形式，就培养了学生的团队合作意识；如果是小组之间进行交流合作，就让学生在更大范围内找到自己的位置，在这个群体中发挥自己的优势，使自己在交往中得到大家的认可。

在交往过程中要让学生体验：无论是学生之间还是学生与教师之间的交往，都要学会尊重别人。只有懂得尊重他人才能赢得别人的尊重。

一个人生活在现实社会中，学会了交往才能更加自信；学会了交往才能愉快生活、工作和学习。作为教师，我们要培养学生良好的人际交往观念及交往能力，使他们将来更好地适应社会。

五、错误体验的探索

心理学家桑代克认为："尝试与错误是学习的基本形式。"在课堂学习活动中，学生肯定会出现错误——错误的理解、错误的回答。在这种情况下，教师不要批评或否定学生，而要学会巧妙地利用错误引导学生学习，激发学生的内在学习动机，促使学生对已完成的思维过程重新进行批判性再思考，从而引发争论，并在争论中理解知识、解决问题。

例如，五年级第二学期学完"体积单位认识"后，出示一道填空题：载人宇宙飞船里面空间大小是6（　　　）？学生填写了单位（L），教师不置可否。请学生比画出1L的大小，再比画出6 L的大小，一比画到6 L的大小，学生自己都会哑然失笑。这时教师接着问："你见过6 L大小的物体吗？"学生回答："1瓶食用花生油""1大瓶矿泉水"，通过生活经验帮助学生理解载人宇宙飞船里面空间大小不可能只有一瓶花生油那么小。

学生学知识的过程是从未知到已知，在这个过程中经历错误是很正常的现象。当学生回答不正确或理解错误时，教师不要急于纠正，而要让学生体验错误，在体验中自己找到存在的问题进行改正，这样印象深刻。

建构主义认为："学生知识技能的习得不能仅仅依靠正面的示范和反复的练习，必须有一个自我否定、自我纠错的过程。"因此，我们的课堂教学要允许学生犯错误，在错误中反思，多角度地思考问题，最终获得正确的信息。

作为教师，学会把错误资源回收，有效进行加工、处理、再生产，不仅可以达到预期效果，还可以帮助学生提高认识，加深理解，有时还会有意想不到的收获。

体验教学不是"新名词"，已经有很多教师提出自己好的做法。我在

教学实践中探索，认为体验教学关键是要引导学生主动参与学习过程，在学习过程中体验知识的形成过程、体验数学思想方法和学习数学的情感与态度等内容。体验教学内涵很广，本文没有一一论述，只是探讨自己教学实践深有体会的内容。在这里需要说明的是，我们提倡体验教学，并非否定接受学习。体验教学需要与发现学习、接受学习有机结合、相互补充，综合运用于课堂教学中，才能更好地发挥它的效能。

第五节　运用好教学技能

一、语言技能的运用

在教学技能的运用过程中，语言技能是重中之重。在教学过程中，语言技能运用得好，往往能够达到事半功倍的效果。

虽然小学数学主要是学习数学规律，但是教师的语言技能运用仍然发挥了关键的作用。这些作用主要体现在以下几方面。

1. 语言是传递教学信息最基本的工具

在一些特殊教育的环境下，无法使用语言进行数学教学，这时候可以使用其他方法来传递和表达信息。学生接收信息主要靠听觉，因此教师的语言表达能力的好坏，直接影响到学生接受教学信息的效果。

2. 语言是一种数学符号

数学虽然主要是使用各种符号来表达规律，但是其中很大一部分内容还是需要采用语言的方式来表达其中的逻辑思想和推理。例如，一个定理的表述、一个完整的逻辑推理过程都需要用语言进行表达。

3. 语言能够用来传递数学思想

这是因为在更高的层次上，数学的哲学思考过程都需要依赖语言来进行。

4. 语言是理解数学原理的工具

过去有很多事实表明，一些学生无法正确理解数学题目的意思，追根问底，还是语言能力的方面不足。

由此可见，在数学教学过程中，语言技能的运用有着非常重要的地位并扮演了一个非常重要的角色。

在小学数学教学过程中，语言技能的应用通常要注意以下几个方面的要求：普通话发音标准、科学性、准确性、简洁性、艺术性、有丰富感染力、语速适中等。

案例 4-9

有关长方形和正方形面积解决简单实际问题

广州市白云区三元里小学　崔婉婷

教学内容：人教版三年级下册第五单元第72页例题8。

教学目标：

（1）感受数学与现实生活的联系，初步学会用所学的面积知识解决简单的数学问题。

（2）进一步体会解决问题的一般步骤，学会用不同的方法解决问题。

（3）逐步培养学生分析问题和解决问题的能力。

（4）引入古代数学名题融入课堂教学，激发学生民族自豪感和学生学习兴趣。

教学重点：培养学生分析问题、解决问题的能力。

教学准备：查阅文献，PPT课件准备、绳子长度。

教学过程：

（1）师：我们测量教室、家里客厅长度，有的同学测量一步长度，再利用步长测量教室或客厅长、宽求出面积。

在古代：步，也叫作平方步，是单位名称。1步有多长呢？1步=6尺，到了唐代以后1步=5尺；商代，一尺=16.95厘米；周代，一尺=23.1厘米。那么1步大约这么长（出示绳子长度，再选出一个学生大约1.3米高度）。10尺=1丈，按这一尺度，人高约一丈左右，故有"丈夫"之称。

（2）《九章算术》是一部从春秋至秦汉千年时间内社会生产发展过程中各方面积累的数学知识的总汇集，全书246题。第一章"方田"第2题：又有田广十二步，从十四步，问为田几何？解释：广相当于宽，从相当于长。长方形的面积=广×从。方田术曰：广从步数相乘得积步。

学生计算面积，评讲。

师：在古代，土地是很重要的资源和资产，我们计算了这块土地的面积是一百六十八步，如果我们按照每4步（平方步）划分为一块种植粮食，可以划分多少块呢？（42块）

（3）古代数学家收集的题目我们会计算，真棒，那么我们今天学习就难不倒大家了。

阅读例题8，把他们的对话转化为数学问题。

阅读与理解：

① 在本上画出草图。客厅：大长方形；地砖：小正方形。

就是要求客厅的面积中有多少个这样大的地砖面积。

分析与解答：

② 列式子计算。（口头说小标题，也就是算式表示的意思）制订解题计划并实施，教师巡堂并指导；请学生代表讲台板书。

③ 前后座位的学生保持距离交流想法。（说一说执行解题计划情况）把自己的计划表述清楚。

④ 学生代表发言。

方法1：6×3=18（平方米）=1800平方分米

3×3=9（平方分米）

1800÷9=200（块）

方法2：6米=60分米，3米=30分米

60÷3=20（块）30÷3=10（块）

20×10=200（块）

⑤ 有错题学生订正。

⑥ 回顾与反思。

9×200=1800（平方分米）=18（平方米）符合图意。解答正确。

（4）阅读课本，画出条件和问题做笔记。

（5）练习。

① 课本第72页"做一做"。

② 课本第73页第4题。

③ 课本第74页第6题。

讲故事：《狄多圈地》。

思考：

① 国王想到的一块牛皮包起的地方能有多大啊？是指什么？（面积）

② 狄多把牛皮剪成长长的细条，准备用牛皮来圈地，是指什么？（周长）

③ 同样的周长（牛皮细条），圈出长方形、正方形、圆形，哪个面积大？回家试一试。

（6）说学习收获。

二、案例分析技能

在中小学教学过程中，案例分析是一种非常有用的教学、教学研究和科学研究方法。对于小学数学教师来说，掌握案例分析的技能既有助于提高教学水平，也可以显著地提高教学和科研能力。

案例分析首先需要的是案例。对于所选择的案例，需要满足以下几个方面的要求：

（1）案例要非常典型。

（2）案例要有针对性。

（3）案例要有时效性。

（4）案例需要符合事实。

（5）最好选择来自生活的案例。

下文的教学设计方案选择了圆形形状作为案例，让学生对这些形状进行分析，在分析的基础上获得有关圆的知识。

案例4-10

《圆的认识》教学设计

广州市白云区三元里小学　崔婉婷

教学目标分析：

（1）结合生活实际，通过观察、操作等活动认识圆，理解圆心、半径、直径的意义，掌握圆的特征，理解同一个圆里（或等圆）半径与直径的关系。

（2）结合具体的情境，体验数学与生活密切联系，能用圆的知识来解释生活中的简单现象。

（3）通过观察、操作、想象等活动，培养学生自主探究的意识，进一步发展学生的空间观念。

学习者分析：

《圆的认识》是九年义务教育六年制小学数学第十一册第57～61页的内容，它是在学生已经初步认识了长方形、正方形、平行四边形、三角形、梯形等平面图形和初步认识圆的基础上进行学习的。对于学生来说，虽然已经初步认识过圆，但对于建立正确的圆的概念以及掌握圆的特征来说还是比较困难的。学生由认识平面上的直线图形到认识平面上的曲线图形，无论是内容本身，还是研究问题的方法，都是认识发展的又一次飞跃。

教学设计注重从学生已有的生活经验和知识背景出发，结合具体情境和操作活动，激活已经存在于学生头脑中的经验，促使学生逐步归纳内化，上升到数学层面来认识圆，体会到圆的本质特征，通过折一折、量一量、画一画等操作活动，让学生在操作中深刻感知圆的特征。

教学重难点分析：

教学重点：在探索中发现圆的特征。

教学难点：理解同一个圆里（或等圆）半径与直径的关系，能利用圆的特征解决生活实际问题。

教学过程：

1. 源于生活，初步感知

（1）我们知道的立体图形有哪些？还记得我们学过的平面图形吗？（出示各种图形）

圆与其他几个平面图形的最大区别是什么？（圆是曲线图形）

（2）举例圆：在生活中你们还见过哪些物体的表面是圆形的？（学生自由回答）

投石子在水里荡漾了一圈圈的圆、透明胶布、杯盖……

阅读课本第57页，找出平面是圆的物体。

（3）我们知道圆是平面图形，是曲线图形，今天我们进一步认识圆。（揭示课题：圆的认识）

2. 自主探究，合作交流

拿出准备的圆，你是怎样画出这个圆的？

（1）认识圆各部分名称。

① 认识圆心。

（学生折圆、汇报发现）师：我们把折痕相交的圆中心这一点叫作"圆心"，用字母O表示。（黑板上圆中画出圆心并标出字母O）请大家在你们的圆形纸上标出圆心，并用字母表示出来。

师：圆心是在圆的什么位置？（圆中心）你为什么这样认为？（因为圆心到圆上任何一点的距离都相同）

② 认识半径。

师：这样的线段就是圆的半径，用字母r表示。（学生画半径，用字母表示，概括半径概念，强调"任意一点"。）

请大家在圆上画半径，能画多少条？（无数条）

同一个圆中，这些半径长度有什么关系？（相等）

③ 认识直径。

师：刚才我们折圆时，有很多条折痕，用笔描出来，这样的线段就是圆的"直径"，用字母d表示。（教师在黑板上画出直径，并标出字母d）请同学们也在你们的圆形纸上画出一条直径，并用字母表示出来。

什么是直径？（通过圆心，两端在圆上）

请大家在圆上画直径，能画多少条？（无数条）

刚才大家在同一个圆中，画了直径，这些直径的长度有什么关系？（相等）

④ 阅读课本第58页：圆心、半径、直径的概念、关键词。

⑤ 练习：课本第58页做一做第1题。

（1）探究圆的直径和半径的关系。

① 阅读课本第58页最上面一段话。直径和半径的长度有什么关系？

小组合作，探究圆的特征。（表4-5-1）

表4-5-1 探究图的特征

测量圆1 半径是（ ） 直径是（ ）	测量圆2 半径是（ ） 直径是（ ）	测量圆2 半径是（ ） 直径是（ ）
我发现了：		
直径和半径长度的关系：		

② 学生汇报交流，得出结论。

③ 练习：课本第60页第2题。

（"儿童的智慧就在他的手指尖上。"动手操作的过程，不仅能使学生学得生动活泼，而且能使学生对所学知识理解得更深刻，记忆得更牢固。这一环节让学生在足够自主的空间、足够活动的机会中自主探索、动手实践、积极合作，这样做有利于让学生获得积极的、深层次的体验，体验成功的喜悦，体验知识的形成与发展，在这里学生的学习不仅仅是"文本课程"，更是"体验课程"。）

3. 画圆

（1）你能运用我们新买的工具（圆规）画圆吗？（学生自己画圆）

（2）四人小组交流画圆的体会及注意的事项。

（3）展示学生画的圆，为什么会有圆的、不圆的、交叉的……让学生说理由。

（4）小结：

定点（圆心）——确定圆的位置。

定长（半径）——确定圆的大小。

（5）练习第58页第2题。

4. 实际应用，深化认知

（1）下面的说法对吗？为什么？

① 所有半径都相等，所有的直径也相等。　　　　　　　　　　（　）

② 半径为3厘米的圆比直径为5厘米的圆小。　　　　（　　）

③ 圆的直径是半径的2倍。　　　　　　　　　　　　（　　）

④ 两端都在圆上的线段就是圆的直径。　　　　　　（　　）

（2）做课本第60页第1、3、4题。

（学习数学的最终目的在于应用数学解决实际问题。不同层次的练习可以使学生对刚刚形成的知识进行活学活用，帮助学生深层理解知识，从而培养学生综合运用知识探索解决实际问题的能力；同时练习又注重与生活的联系，这样的练习学生乐于参与，也有实效。）

5. 全课总结

师：通过这节课的学习，你们都有哪些收获？

（让学生自己总结，这样做既提高了学生学习的积极性，也丰富了学生的"主角"意识。）

6. 课后延伸

（1）你能用几种方法量出1元硬币的直径？试试看。

《圆的认识》教学反思：

圆是一种生活中最常见的平面图形，也是最简单的曲线图形。

本节课在设计中立足于学生认知、情感、态度等方面的和谐发展，充分联系生活实际，让学生在多元、开放的情境中，经历探究过程以建构知识，掌握解决问题的方法。

（2）以生为本，自主探究。

本节课在认识圆的各部分名称、理解圆的特征时，并没有强加给学生圆的科学概念，而是将学生进一步置身于探索者、发现者的角色，让学生折一折、画一画、比一比、量一量，引导学生观察、思考、讨论，而且，各个教学环节始终将学生自主探究的理念贯穿其中。例如，通过问题情境让学生自主探索，让学生小组合作对圆的特征进行自主探究等，力求使学生展露出他们的个性和潜在的创新意识。

（3）注重数学与生活的联系。

课的开始，从学生熟悉的生活情境出发，通过让学生"举例生活中的圆"，引出数学问题，使学生感受到数学知识就在自己的身边，生活中处处有数学，从而使学生爱上数学。课中让学生解释"为什么车轮都要做成圆的，车轴应装在哪里？"这一实际问题，使学生学会用数学的眼光去审视实际问题，并且通过课件演示了几个不同车轮的形象动画，不仅激发了学生的学习兴趣和情感需要，还体现了数学来源于生活，又运用于生活。

（4）在多元开放的情境下进行探索性学习。

开放的问题让每一位学生都能获得自己的理解与认识，不同水平的学生获得不同的学习成果，并促使差异成为一种资源。本课教学设计中多处设置了开放性问题，这样的安排都是基于在多元开放中尊重学生的差异这一教学思想，使每位学生都能积极地参与学习，呈现了多样化的结果和丰富的学习方法、策略。

三、演示技能的运用

课堂演示技能是一项基本的课堂教学技能。课堂演示的方法主要是通过将一些直观的材料在课堂上呈现，然后对这些直观材料进行交流讨论，并引导学生进行仔细的观察，为后续的抽象知识的学习提供基础。

课堂演示技能使用得好，可以极大地提高学生的学习兴趣。在各种抽象的数字中，教师提供了各种生动有趣的材料，以帮助学生更好地理解这些抽象内容。而对于那些已经学习过的知识，教师的课堂演示则有助于学生巩固所学的知识，将抽象经验转换成具体的经验，更好地将所学的知识应用于具体的环境中去。

在提高学生的观察能力方面，教师采用演示技能可以帮助学生发现各种具体的表象中所包含的各种细节。这能够显著地提高学生的观察、思考和分析问题的能力。

在下面的案例中，教师通过展示小棒、数宝宝等，让学生观察这些教具中隐含的数的概念，让学生对11～20以上的数字有一个更加具体的认识。

案例 4-11

11～20各数的认识

广州市白云区三元里小学　崔婉婷

教学准备：（学生）2捆小棒、10根小棒、小白纸。

（教师）数字卡片11～20、礼物图。

教学过程：

引入：看动画片（课件）揭示课题。（交通安全教育）

1. 学习例1认识11～20各数（感受"十"）

（1）师：我们班有哪几位同学到崔老师这里换了礼物？为什么他们能换礼物呢？

指着××同学，几颗星星换礼物？（贴礼物）

板书：十，几个十？12里面有1个十，还有几根？2个一。

再换一个学生，13：1个十和3个一。

（2）全班摆小棒。

15、18，怎样摆就可以很快看出这个数，还知道是几个十和几个一？

20怎样摆？20有几个十？（请悄悄地把小棒放进它的小房间，因为它要休息了）

（3）画14根小棒，不用数，一眼就可以看出是几根？还知道是几个十和几个一？

2. 学习例2

显示课件（例2）读课件中的数，并说出是由几个十和几个一组成。（板书）

3. 学习例3

（1）课件认识直尺上的数并读数。按从小到大的顺序，一个一个地数，两个两个地数，再按从大到小的顺序数。13的后面是什么数？16的前面是什么数？

（2）小游戏：四人小组数11～20各数，从大到小，从小到大，两个两个地数，三个三个地数。

（3）今天有几位小客人来到我们教室，悄悄地，别吓着他们。师：1个十和5个一，是哪个数字宝贝？请上讲台。15前面一个数是？按从小到大排列，15后边一个数是？老师站在17的位置，问：我是谁？18左边的数是？19左边的数是？20有几个十？请将剩下的数字宝贝，按照从小到大的顺序排列。

从左边数起，第12个同学带着数宝宝上位，现在有几个同学在讲台？从右数起，第4个同学上位，她手中的数字宝贝是？是几个十和几个一？请左边5个数字宝贝上位。

剩下的数字宝贝比大小。全班用手势表示大于号和小于号。

（4）翻书游戏。

请翻到课本第19页，再翻到课本第16页，是往前翻，还是往后翻？为什么？

再翻到课本第20页，是往前翻还是往后翻？为什么？你想翻到哪一页，你会怎样翻书？

4. 生活中的数

（1）电梯中的数。填数：12（ ）（ ）15（ ）17 18（ ）（ ）

（2）红绿灯。20（ ）（ ）17（ ）15（ ）（ ）12 11

（3）数听课的老师，填上崔老师，再添上江老师。

（4）统计今天获得小红花的人数，是几个十和几个一？

5. 做书本的练习、2号书

略。

四、组织好课堂练习

课堂练习是一种重要的教学技能。要组织好课堂练习，需要教师对整个教学内容的充分把握以及对学生能力的全面认识。

案例 4-12

求一个数是另一个数的几倍教学设计

广州市白云区三元里小学　崔婉婷

学习内容：

人教版三年级上册教材第51页例2，练习十一第3、4题。

教材分析：

本节课是在学生学习了乘法计算及相关除法计算的基础上进一步学习的。"倍"是一个新的概念，表示两个数量之间的关系。通过对本节课的学习，训练学生初步建立倍的概念和简单的数学模型，有助于学生理解倍的含义，拓宽应用倍的知识解决实际问题的能力；培养数感，为学生今后学习分数、小数和百分数等相关知识打好基础。

教材为倍的认识提供了直观形象的情境图，以此引导学生认识一个数是另一个数的几倍，引出"倍"的含义，这里例2是引导学生用"画一画"的方式，建立"求一个数是另一个数的几倍"的计算思路，运用图式表征方式为解决问题构建思维模式。

学习目标：

（1）知识与技能：学会在图中提取有用的数学信息，发现数学问题、解决问题。在具体情境中运用所学知识正确解决问题。会运用倍的知识求"一个数是另一个数的几倍"问题。

（2）过程与方法：通过观察、画一画、说一说、分析、概括等数学活动，使学生经历解决"一个数是另一个数的几倍"的问题的过程，培养学生运用语文表征、图式表征、算式表征等方式自主探究及抽象概括的能力。

（3）情感态度与价值观：使学生在学习过程中获得良好的情感体验，发展学生的探究精神。

教学重难点：

（1）教学重点：使学生经历从实际问题中抽象出"一个数是另一个数的几倍"的数量关系过程。

（2）教学难点：应用分析推理将"一个数是另一个数的几倍"的实际问题转化为"一个数里面有几个另一个数"的除法含义。

教学准备：

课件、练习纸。

教学过程：

1. 复习回顾

（1）生拍手3下，师拍手2个3下，提问：几个3？所以我的拍手次数是你们的几倍？

（2）生拍手3下，师拍手4个3下，老师的拍手次数是你们的几倍？为什么？

（3）师：刚才都是以谁为标准，拍几下为一份？老师拍手次数是2个3，我的拍手次数就是你们的2倍。我的拍手次数是4个3，就是你们的4倍。

2. 学习新知

出示主题图，同学们在干什么？（搞卫生）他们很爱劳动，我们班同学也在积极做家务，我看到大家在家里炒菜的录像和图片。我们学校周五也会组织大家搞卫生，到时我也为表现好的同学拍照。

今天我们就看这幅图的信息，发现数学问题、解决数学问题。解决问题的三个步骤是：

（1）阅读与理解。请仔细阅读，并在书中做好笔记（画直线表示条件和波浪线表示问题）。提问图中的信息，揭示课题。

（2）分析与解答。

① 画一画（独立画图）。

课件思考题：以谁为标准？擦桌椅的人数是几个4？怎样画，可以清楚地看出他们的倍数关系？

② 说一说（先独立说，再三人小组交流）。

③ 分小组汇报交流。

④ 列算式。

师：同学们在图中发现问题，会用画一画、说一说的方法解决问题，会不会列算式做呢？

12÷4=3，为什么？

（3）回顾与反思。

扫地4人，4的3倍是12，是擦桌椅的人数，解答正确。

⑤ 阅读课本。

3. 课堂练习一

（1）课件出示。

① 擦玻璃8人，让学生提问题。（擦玻璃的人数是扫地的几倍？）列式解答。

② 提水3人，提问题。（擦桌椅的人数是提水的几倍？）列式计算，为什么？

（让学生独立完成上面两题，面批，聘请小老师批改。）

③ 擦玻璃的人数跟提水人数也是倍数关系，不过不是我们这节课学习的内容，以后我们会学习。

（2）复习的拍手游戏还记得吗？生拍手3，师2个3，4个3，会列式计算吗？为什么？

（3）在一个组中，第一排3人站着，坐着的是4个3，那么坐着的同学是站着的几倍？列式计算。

（4）奖励苹果的同学2人，奖励贴纸的10人，奖励贴纸的人数是奖励苹果的几倍？列式计算。

（5）你们多大？（8岁）你妈妈32岁，你妈妈的年龄是你的几倍？怎样列式计算？

4. 课堂小结

求一个数是另一个数的几倍，就是求一个数里面有几个另一个数，用除法计算。

5. 课堂练习二

练习十一第3题（独立做，小组交流，汇报）。

练习十一第4题（互相批改）。

6. 小测

略。

五、擅长启发

古希腊的哲学家柏拉图就十分重视启发式教学，我国古代伟大的教育学家孔子更是将启发式教学方法贯穿他的整个教学生涯。

孔子有一个著名的表述："不愤不启，不悱不发。举一隅不以三隅反，则不复也。"说的就是一种启发式教学的思想。他认为如果一个学生不进行思考，那就不去启发他。而启发的过程，需要举一个例子，然后用三个以上的例子来加以说明。在小学数学教学过程中，教师若能够采用这种启发式教学方法，就可以有目的地引导学生的学习过程，促进学生对知识的掌握。

教师在数学教学的过程中，要能够做到擅长启发，可以注意以下几个方面的要求。

1. 注意学生的主体性要求

虽然启发过程是教师向学生传递正确的知识的过程，但是启发的主体是学生，因此教师要时刻注意学生的接受程度。切忌将启发式教学过程变成知识灌输的过程，这样学生非但不能够理解这些知识，反而会形成错误的概念。

2. 发挥学生学习的主动性

这种学习的主动性表现为学生积极思考。只有在学生积极思考的状态下，启发的效果才能够得到保证。正如孔子所说：不愤不启，就是这个意思。

3. 多以案例的方式来进行启发

结合案例分析过程来进行启发式教学。使用典型的案例，能够让学生有更直接的经验来分析问题。多个案例的相互结合，可以达到让学生触类旁通的效果，正是举一反三的含义所在。

4. 结合生活经验

对于小学生来说，他们的知识经验都非常不足，因此如果能够结合小学生熟悉的生活经验，可以让启发过程更加贴近学生的生活，让他们更加容易理解，达到具体与抽象紧密结合的效果。

5. 数学史融入课堂

数学史融入课堂，可以让学生了解小知识后面的大背景，从小培养探究意识,从远古时期到未来社会的发展,启迪学生智慧,激发学生思考,培养创造型人才。

案例 4-13

10的认识

广州市白云区三元里小学　崔婉婷

一、教学内容

人教版小学一年级上册教科书第59～60页及练习十三的第1～4题。

二、教材分析

"10的认识"在编排上与8、9的认识大致相同,不同之处是没有安排10的序数和基数相关内容的教学,原因是在前面的学习中学生已经基本掌握了,正迁移可以学会。本节课通过直观形象的数学活动,使学生在生动具体的情境中认识10,建立数感。

三、学情分析

学生对数的认识已有初步体验,对10的认识也有初步感知。本节课旨在深化学生对10的认识,特别是对比较大小、数的组成进行学习,为后面学习进位加法做好准备。

四、教学目标

（1）学会10的数数、认读、写数、10以内数的顺序、大小比较和10的分与合,经历认识10的过程,发展数感。

（2）培养学生动手操作能力、发散思维能力和语言表达能力,培养数感,渗透有序思想和对应思想。

（3）融入数学史,激发爱国热情,培养创新意识。

五、教学重难点

教学重点：比较大小和10的组成。

教学难点：10的组成。

六、教学准备

教具：希沃课件、班级优化大师、小棒、1～10数卡。

学具：10根小棒、两人一组扑克牌钓鱼。

七、教学设计

1. 游戏引入：数数、数的顺序、大小比较、基数和序数。

（1）师：请表现好的5号同学到讲台。

师：5号后面三位同学是谁？请到讲台。

5号前面的4位同学请到讲台。

请8号后面一个学号上来，9添上1是几？

（2）10个学号中，最大的是几？

请大哥10号站这里，来一个小弟跟他比较大小。6<10，再来一个小妹妹5<10，大哥换个地方站：10>9，9<10。

开口始终对着大哥笑。

（3）师：跟9相邻的数是几？

从小到大两个两个地数，从小到大三个三个地数。

（4）请从左到右，第10个同学举手，从右往左，第9个同学拍拍左肩。

请讲台10个同学回到座位。

（5）大家会把10个数宝宝从大到小倒着数吗？

师：哪里见过倒数10秒？（春晚、火箭发射：课件）

师：今天我们就来认识10（板书），学习写10。（课件）

2. 操作：摆小棒感知10的组成。

（1）师：请把10根小棒分一分，看看你可以怎样分？（边分边说）

（2）师：你是怎样分的？（随机点名）

10可以分成9和1，10可以分成1和9。（有序思想、对应思想）

3. 阅读书本：自学课本第59、60页并分享。

（1）独立填写书本并阅读课本第59和60页所有内容（含做一做）。（倒计时显示）

（2）巡堂盖印章。师：你在书中学会了什么？（随机点名）

4. 融入数学史。

（1）微课。

（2）师：只有5根小棒。我国古代用算筹来表示数，我们用小棒来表示。1用1根小棒表示，2用2根小棒表示……6怎样表示呢？7、8、9呢？

设计表格，让学生在表格中仿造古人用符号表示出7、8、9。

（3）阅读课本第60页，看看我国古代算筹用横式表示数的方法。（学生在表格画出来）

（4）这个表示什么数呢：6728，那么另一个是6708。

（5）接着古罗马数，有的老式挂钟还在使用。根据实际生活需要后来就有了0、负数、有理数、无理数，后面需要同学们去发现数学中更多的奥秘。

5. 巩固练习。

（1）游戏（倒计时显示）：希沃2个游戏。

（2）课本第62页第1~3题，评讲。

（3）扑克牌游戏（钓鱼组成10）。

（4）师生对数，同桌对数。拍手组成10。

（5）翻书游戏。

请翻书到课本第10页，第9页是在第10页的前面还是后面？

6. 课堂总结。

这节课你有什么收获？

第五章 情感发展之路

第一节 情感是专业成长的催化剂

一、专业情感的构成

所谓专业情感,是指对一个专业是否能够满足自己的需要而产生的态度体验。作为一名小学数学教师,在从事数学教学的专业工作的同时,他对这个专业的态度也会不断地改变,从最开始对小学数学教学的不甚理解,到逐渐熟悉,然后到了专家的层次。这种对专业的态度方面的体验和变化,直接引起教师对自己所从事的专业工作的情感的转变。

当然情感有高低层次的区分。高尚的情感意味着教师能够在专业教学的过程中,随时找到满足自己需求的东西,从事教学工作成为一种非常快乐的事情。而低级的情感体验,则意味着这个教师可能还没有在专业教学工作中找到满足自己需求的东西,致使自己的人生需求始终处于比较低的层次上,无法达到自我实现的最高需求层次目标。

专业情感的构成可以从以下三个方面来分析。

1. 专业道德感

专业道德感是指用一定的专业道德标准来评价自己或者他人行为的一种专业情感体验。每种专业职业都有自己的道德标准。小学数学教师所从事的小学教学专业工作的道德标准涉及爱岗敬业、遵纪守法、关爱学生、尊重学生、团队精神、乐观向上、勤奋学习等内容。

2. 专业理智感

教师在教学过程中,应尽可能保持理智。只有理智的教师才能够教育出理智的学生。对于教师来说,有高层次的理智感,能够始终保持一种客观的态度来看待各种事物和现象，才能更好地与同事合作，更好地处理教学过程中所遇到的各种问题。

3. 专业美感

有了高层次的专业美感体验，对于小学数学教师专业知识的学习和专业技能的提升都有非常大的促进作用。专业美感实际上反映的是专业教学能够以更加简洁优美的方式来看待专业问题，因而作为教师要能够更有效地把握住专业教学的规律。专业美感包括专业规律美感、专业教学美感、专业艺术美感。其中，专业规律美感反映了小学数学各种运算方式、内在逻辑规律等的优美；专业教学美感反映了小学数学教学目标、教学方法等的优美；专业艺术美感反映了专业知识和专业教学过程中的真善美，在视听触等多种感觉器官上给人带来的美感和感动。

二、专业情感和专业成长

专业成长的过程必然伴随着专业情感的提升。当然在专业情感的提升过程中，一些教师提升得更加顺利，而另一些教师提升的效率则要低一些。

在专业成长的过程中，可以从以下几个方面来有效地促进教师专业情感的成长。

1. 努力学习，提高自身的专业素质和专业修养

教师的专业素质和专业修养的提高，和教师个人的努力是密不可分的。中华文化对个人修养有一套完整的理论体系，其中包含了非常宝贵的文化财富。如果一个教师能够从中吸取精华，弃其糟粕，则能够使自身的行为举止更加符合职业道德的要求，在待人接物的过程中也会更加礼貌、文明。

2. 开阔自己的专业视野，保持开放进取的心态

小学数学教学的内容是有限的。但这并不意味着一个教师就可以止步于掌握这些知识。如果教师的专业视野很窄，就很难对自己所从事的专业教学工作有客观地认识，也无法看清楚自己的工作在整个社会中所处的地位。因此，为了能够促进专业情感的升华，教师更应该保持积极开放的心态，努力学习各种知识，吸收人类文明的各种成果。这样即便长时间从事小学教学工作，也同样能够获得非常高尚的情感升华。

3. 积极交流，收获友情和尊重

人的本质是一切社会关系的总和。作为一个社会中的人，自然需要与社会不断进行交流。一个跟外界没有任何交流的人，其专业情感也必然是无法升华到更高层次的。而在与人交往的过程中，小学数学专业教师可以获得足够的友情和尊重，这对于一个人的心理健康成长是有很大的帮助的。

第二节　热爱小学数学教学

一、热情

热爱小学数学教学，首先要有足够的热情。一位充满热情的教师，才能把自己的毕生精力和心血都投入小学数学的教育事业。

要获得对小学数学教学的热情，教师可以从以下几个方面做起。

1. 自信

一个自信的人，必然能够更有效地把握所有的事情，自然也就能够在工作过程中做到耐心、果断。而良好的工作业绩又反过来提高自己对工作的认识，获得社会的认可，工作成就感也能够得到快速地提升。这些都是提升专业教学热情所不可缺少的。

2. 保持正确的心态

教师也要对自己有一个客观地认识。一个人的能力是有限的，在工作的过程中可能会遇到各种困难。如果没有一个正确良好的心态，稍微遇到一点困难就止步不前、怨天尤人，这样的教师最终会丧失对工作的热情。

因此，保持良好的心态是非常重要的。如何保持良好的心态？中国古代儒学思想的核心是中庸，即为人处世、完成工作都要做到不偏不倚。既不冒险蛮干，又保持极高的效率，对于任何工作的完成都有极大的帮助。

3. 积极控制情绪

一个人总是会有情绪波动的时候，这种情绪波动受到各种因素的制约，包括生理因素、环境因素等。然而教师作为一个社会人，必须学会与整个社会友好相处。控制自己的情绪有助于渡过难关，最终达到工作目标的要求，

收获了成果，自然会增加自己的工作热情。

4. 热爱自己的工作

教师爱岗敬业，热爱自己的工作。从马斯洛的需求层次来看，一个人的需求层次越高，对自己工作的热情也就越高。其中的最高层次就是"自我实现"。这种自我实现实际上就是实现自己作为一个社会中的人的个人价值，这当然也是获得工作热情的重要因素。

二、真诚

真诚反映了一名教师对自己所从事的工作的忠诚程度，同时真诚也表现一个人在与他人交往的过程中，能否做到坦诚相待、诚实守信。

一名教师对专业工作的忠诚度如何，取决于他是否愿意将自己的毕生精力奉献给小学数学的教学事业。这种奉献精神也必然是保持工作热情的基本动力源泉。

三、投入

有了工作热情和真诚之后，教师就会更愿意全身心地投入教育事业。下文这个案例介绍的是一个地区小学数学特约教研员在聋人学校的教研活动中体会到特殊学校教师对教学的投入，从中我们能够更直接地体验到教师专业情感的升华过程。

案例 5-1

特别的爱给特别的你

——记广州市小学数学特约教研员在聋人学校的一次有效教研活动

广州市白云区三元里小学　崔婉婷

广州市小学数学特约教研员在杨健辉老师的带领下，来到广州市聋人学校进行了一次有意义的教研活动。聋人学校的学生跟普通学校学生相比，学习比较吃力，教师也会更加辛苦。杨老师带着团队来到这个容易让人遗忘、忽略的角落，一起跟聋人学校的教师开展教研活动，共同探讨如何教学才能更好地促进学生发展。

来到聋人学校，教研员们震撼了：在普通学校下课时都是一片喧闹声，即使是上课也是朗朗的读书声或学生大声回答问题的声音。可是在这里却是出奇的安静，下课时碰见几个学生，也是微笑地点点头，偶尔会有学生用不太清楚的声音问好。老师们带着感动参与今天的教研活动。

镜头一：走进课堂

1. 教师肢体语言丰富

聋人学校的学生与人交往少，生活经验少。教师要解释一种现象，脸部表情十分丰富，手势特征很明显，教师希望通过自己的脸部表情、口型和肢体语言，传递给学生信息，学生了解信息后才能解决问题。

点评：平时我们在教学中，重视使用多媒体技术辅助教学，却忽略了最重要的师生情感交流。"亲其师，信其道"。小学生是非常感性的。我们用语言与学生沟通，有时肢体语言能很好地交流，一个眼神、一个动作，都能让学生心领神会，那是多么高的境界啊。

教师把爱心传递给每一个孩子。笔者在听"锐角和钝角"课例时，课上到一半，天气有点转凉，上课教师轻轻地走到一位学生身边，示意他穿上衣服。一个小小的动作，满载着教师深深的爱意。

思考：在教育教学中，我们一直提到要关爱学生，关心每一个学生的成长。听了聋人学校的课例，我们才从另一个角度深刻体会到关爱。学生的学习能力、家庭教育各有差异，每一个学生都是生动活泼的个体，我们不可能像对待机器一样一视同仁地进行教育。五个手指伸出来都有长短之分，我们要尊重学生的个体差异，善于发现每一个学生身上的闪光点，挖掘他们的潜能，让每一个学生都能够体会到教师对他们的爱，促使学生能够健康快乐地成长！

2. 积极向上，尝试开口说话

聋人学校的教师不仅要教给学生知识，还希望通过课堂教学让学生学会发音和说话，这是聋人学校教师比普通学校教师额外增加的任务，也是聋人学校的学生迫切想解决的问题。

开口说话，对于一个正常人来说是很容易的一件事情，可是对于聋人学

校的学生来说却是很困难的。

学生渴望说话，渴望与人交流。

感动：看到聋人学校的学生，我们才深刻体会到普通学校的学生是多么幸福。普通学校的学生无法想象到聋人学校的学生开口说话的艰难，可是聋人学校的学生却积极面对生活，他们就像一群在无声世界里攀缘的勇士，积极地发言、高声地回答、认真地探究、激烈地讨论、和谐地交流，他们尽力地表达，聋人学校的学生也能开口说话。这里饱含了聋人学校教师多少辛勤的汗水。

普通学校经常有各级各类接待任务，学生见到来宾总会很有礼貌地打招呼；但是我们在聋人学校中见到的学生，他们不仅礼貌地接待我们，还发自内心地想和我们交流。他们是社会的弱势群体，这次教研活动，让我们更加懂得要关爱这些有残疾的孩子，对于这些残疾的孩子，聋人学校的教师比我们付出得更多，我们深深地感动着——他们拿着微薄的薪水，依然心境平和、诲人不倦。作为普通学校的教师更应该珍惜现在的生活，更加关爱每一个学生，尤其是学习暂时落后的学生。

3. 不因特殊而降低要求

聋人学校学生的听力障碍，会影响他们的学习。但是教师在教学中，并没有因为他们残疾而降低学习要求，而是像普通学校一样用人教版教材，希望通过学习，这些学生基本上能够适应社会，能够融入社会，做一个对社会有用的人。

点评：聋人学校也使用人教版教材，可见学校是多么用心良苦：人教版教材有的普通学生接受都会有困难，对于残疾的聋人学生，显然更吃力。然而教师为了帮助学生能够自信地在社会上生存，毅然选用了人教版教材，他们要付出常人难以想象的时间和精力才能完成教学任务。

镜头二：集体备课、互相交流

观课后，市小学数学特约教研员和聋人学校的教师分组面对面交流，并针对人教版教材如何使用进行深入探讨。

在与聋人学校的教师交流研讨后，市小学数学特约教研员感慨他们的辛苦，敬重他们的为人，在聋人学校的教师身上学到了很多东西；聋人学校的教师通过跟特约教研员交流，学习他们好的经验和做法，开阔了眼界，更好地用于教学。

小结：

这次教研活动，市小学数学特约教研员是带着不同的目的到聋人学校参观学习的，但都是带着一颗感动的心离开学校的。正如那首脍炙人口的歌所唱的："特别的爱给特别的你。"就如聋人学校的教师对特殊学生的关爱、耐心和坚持，让这些特殊的学生也能有正常的学习生活。而我们作为普通学校的教师也应该关注到个别学生的差异，用爱心和坚持来等待他们感悟知识，用准确和规范的教学引导他们学会思考。

衷心地祝福聋人学校的这些学生，衷心地祝福世界上每个角落的特殊人群们。但愿他们永远平安，永远幸福。没有眼泪，没有失望。但愿他们能勇敢地追求自己的梦想，迎来希望，拥抱未来！希望这个世界越来越充满爱，我们同为一家人，共同享受丰盛又美好的生命，共同分享爱。

第三节　不忘初心

一、职前教育打下的基础

现在小学数学教师大多数都经历过师范教育。所谓学高为师，身正为范，这既是师范生的教育信条，也是对从事专业教学工作的教师在专业知识、专业技能、专业情感等方面要求的高度概括和总结。

在师范教育中，我们不仅学习了各学科的专业知识，还花了大量的时间和精力学习了教育学、心理学等知识和理论。这给了我们很多有益的启示，主要体现在以下几个方面。

1. 教师教育的重要性

随着现代教育的发展，人们对教师教育的重要性的认识也在不断提升。自17世纪捷克共和国伟大的民主主义教育学家夸美纽斯出版了《大教学论》以来，师范教育在全世界范围内蓬勃兴起。世界各地师范院校如雨后春笋般茁壮成长起来，这反映了全世界对教师教育的需求非常旺盛。

中国古代教育学家也非常重视教师的作用。我国古代教育学家韩愈的《师说》中探讨了教师的作用和地位所在。现代教育学家陶行知认为，教师教育要从儿童教育开始，将小学教育和中学教育等各种不同层次的教育的重要性完全等同起来。从中我们都可以看出，随着社会的发展，人们对教师教育重要性的认识也变得越来越深入。

2. 教师素质的极高要求

与其他职业不同，教师职业对从业者素质的要求更高。教师不仅要完成自己的教学任务，还要对学生进行言传身教。教师的工作不仅仅体现在课堂教学的几十分钟，教师的言传身教实际上贯穿儿童的一生。这对于其他朝九晚五的职业来说是难以想象的。

3. 教师道德修养的高要求

除了遵循一般的职业规范、爱岗敬业之外，教师在其他方面的道德要求也要高于其他的职业。

4. 理论与实践相结合的重要性

教师教育还要坚持理论与实践有机地结合在一起。教师既要努力学习教育学的基础理论，也要将这些理论与教学实践有机地结合在一起。这是符合人的认识规律的，同时也是促进教师专业知识、专业技能和专业情感成长的必经之路。

二、小学数学教育的任务

在整个小学教育阶段，小学数学教育的基本任务非常重要，直接影响到学生数学思维能力、逻辑推理能力的形成。而这些基本的数学能力，既是学生今后研究和发现科学规律最基本的工具，也是提高科学素养的基础。

综合来看，小学数学教育的基本任务包括：

（1）培养学生的基本数学能力。

（2）培养学生的基本数学素养。

（3）培养学生的逻辑思维能力。

（4）培养学生的数学应用能力。

三、牢记教学基本要求

职前师范教育已经反复强调了教学基本要求的重要性，这些基本要求贯穿于教师的整个教学生涯之中。因此，这些教学基本要求对于小学数学教师的专业成长的影响也是非常大的。

1. 备课

备课的要求主要是指教师要认真学习课程标准，掌握小学数学课程目标的基本要求，并将其落实到具体的教学内容和教学目标中。再结合教学目标的要求，认真钻研教材，做到熟悉教材内容，了解学生的起点知识水平，挑

选合适的教学内容和相关的教学材料，以便在课堂教学过程中为学生创建更好的学习环境。

对教学目标、教学内容和学生的分析足够充分之后，教师就可以进行教学设计。一个好的教学设计的形成，将有助于后续的教学过程更加有效地进行下去，也反映出了教师备课工作的质量如何。

2. 课堂教学

课堂教学是整个教学过程的主体。教师通过课堂教学向学生传递知识信息，培养学生的能力，促进学生的发展。

课堂教学可以为教师发挥自己的专业技能提供良好的环境。教师可采用多种教学方法、多种教学媒体来开展课堂教学活动，促进学生通过视觉、听觉、感觉等多种感官综合获取教学信息，帮助学生更有效地进行学习和知识建构。

在课堂教学过程中，教师可用的教学方法很多，包括讲授法、启发教学方法、探究发现教学法、演示实验教学法等。教师只要能够有目的地针对学生的需求安排合适的教学方法，就能够取得好的教学效果。

当然课堂教学给了教师更广阔的发挥教学技能的余地的同时，也对教师提出了一些基本的要求，包括板书工整、知识学习正确无误、按时上课、不随意挤占其他学科时间和学生休息时间、不体罚学生、不带手机等。

3. 布置作业

作业是帮助学生巩固所学知识，将所学习知识上升到应用等更高层次目标的基本方法。教师所布置的作业应该能够反映教学中的重难点问题；作业应该具有一定的灵活性、开放性；作业的难度要适中，能够有效促进学生的思考和探索发现。

在收到学生作业之后，教师要及时批改，进行评价。作业不仅可以帮助学生发现自己在掌握知识方面的缺陷，而且可以帮助教师改进教学，进行有针对性的辅导训练。

4. 课后辅导

一个班级的学生个体是有差异的，既有非常优秀的学生，也有理解能力比较弱的学生。通过课后辅导的方式，教师能够有针对性地对暂时落后的学生进行辅导，帮助他们理解知识中的重点和难点问题，让他们及时赶上教学进度，促进班级学生的整体发展。

5. 复习与评价

在一个阶段的教学内容完成或者学期课程快要结束的时候，教师要帮助学生进行整体复习，以促进学生将学习的目标上升到知识综合的层次。

在评价方面，教师应采用多种评价的方式对学生的学习情况进行考核，可以使用客观题的形式考查学生对基础知识的掌握情况，也可以使用主观题的形式考查学生对教学内容的理解情况。

对于教师来说，一定要严格按照课程标准和教学目标的要求，根据学生的实际情况来编制评价的试题；试题的难度要适中，重视考查学生的基础知识水平、综合应用知识等的能力。教师要牢记评价并不是要给学生分类，而是要促进学生的成长。因此，评价不能够仅仅给学生一个等级，而是要让学生获得必要的反馈信息，了解自己在学习的过程中存在的问题，并有针对性地进行改进。

第六章 青年骨干教师的成长论文

第一节　数学史的教学思考

一、走进数学史——《认识人民币》的教学实践探究

数学史是数学不可分割的组成部分，它作为一门学科的研究任务是：研究数学发展的历史进程；研究数学的发展规律；促进数学的各个分支的深入和扩展。了解、应用数学史知识并将其融入数学课堂教学的技能，是目前每一位数学教都所应该关注的。随着HPM：数学史与数学教育（History & Pedagogy of Mathematics）领域的深入研究及数学教育界的日益关注，越来越多的教育工作者也逐渐认识到数学史融入数学课堂的重要性。

数学发展了数千年，从萌芽时期、常量数学时期到变量数学时期、近代数学时期，再到现代数学时期，直至发展到今天；从各分支自身的分解到各领域之间的综合；从数学向其他学科渗透到其他学科与数学结合，在宽广的数学领域里，述说着它是一部充满哲理、充满感情与诗意、充满挫折与奋进的历史。

（一）数学史是数学教师必备的知识储备

作为数学教师，除了需要具备应有的数学专业知识、教学技能之外，还应当了解一些数学的发展进程和发展规律，懂得一些数学方法论，了解一些数学家的成长、数学研究简历及其数学思想，特别是在现今科技如此发达的社会条件下，数学教师不仅需要足够的数学专业知识，而且需要教学艺术；不仅需要对数学及其教学有充沛的热情，还需引导学生热爱数学，热爱数学学习。为此，学习数学史，了解数学在它的发展道路上的历程，是目前数学课堂学习必须发展的一个方向。

教师在数学课堂对学生进行数学思维训练，类似于在体育课上学习体操，在学习之前先掌握这种体操的性质、内容和形式……同理，在思维训练中，知道思维史、公式和定理的演变史是必不可少的。因此，了解数学史，意识到数学是全人类的成果，是促成教师观念转变的重要因素，是数学教师必备的专业素养。

（二）走进数学史是数学课堂教学的需要

1. 数学史激发学生学习数学的兴趣

"兴趣"在字典上的解释是"喜好的情绪"。积极的情绪可以提高人体的机能，既能够促进人的活动，又能够形成一种动力，激励人去努力；积极的情绪有助于智力的发展，使人做到"乐学"，从而提高学习效率。我国古代教育心理学家说过："知之者不如好之者，好之者不如乐之者。"这也非常形象、生动地说明了兴趣在学习中的作用。现代教学论认为，教学过程必须建立在学生心理活动的基础上，只有培养强烈的学习动机、浓厚的学习兴趣，学生的智力才能得到充分发展。

教师在教学《认识人民币》一开始，通过PPT展示从古至今的各类流通货币，并向学生介绍它们的发展历程，极大地激发了学生的学习兴趣，让数学课堂变得更丰富，使得学生在数学学习探索中更愉快。

2. 数学史引导师生"走入"数学情境

情境可以激发探索和创造。情境的作用虽然没有直接揭示所学的数学内容，但都是建立在这节课基础之上设置的一个导引，从而可以从中提炼数学信息。这些数学信息能引导学生创造出许多丰富的、有创造性的想法。这些想法带领着学生不断地探索和交流，数学思想才能得以渐渐突显。怎样才能创设一个既有一定启发，又力所能及的学习情境呢？

例如，教师在引导学生认识我国现在流通的货币叫人民币后，再依次展现我国发行的第一套人民币至现今流通的第五套人民币，让学生在不知不觉中直观地感受各套人民币的面值可以从大小、数字、文字、图案和颜色等方面来判断。

3. 数学史将科技"引入"数学课堂

科技发展日新月异，尤其电子计算机的出现，对数学及各行各业、各个领域都有着划时代的意义。现如今，虽然电子计算机科学已远远超出数学范畴，但它的产生、发展和应用都与数学联系得十分紧密。我们可以让学生了解到在远古时代，人类已使用手指、绳结、石块等形物来计数和计算了。我国最早的计算工具是算筹，后来又出现了算盘（一年级学生应了解），接着出现了第一台真正的机械式计算机，再到现如今的电子计算机（四年级学习），它是人类创造历史和改造社会的强有力的工具。凡是在计算机领域有成就的人大都是精通数学的人。

例如，我国第五套人民币就是一套科技含量较高、具有较鲜明民族特色的货币。它应用了先进的科学技术，在防伪性能和适应货币处理现代化方面有了较大的提高。

（三）走进数学史是学生成长的需要

1. 数学史能够培育学生的道德情怀

学生阶段是学习和掌握社会规范的基本阶段，是人由自然人向社会人过渡的主要时期，在整个德育过程中有其特殊的作用和影响。因此，在这个阶段，教师能通过课堂的生成内容来加强和改进学生的思想教育工作，培养学生的道德情怀，塑造学生的灵魂。

例如，在讲述到积攒零用钱时，教师可以向学生介绍一些数学家或者名人为希望工程捐款的优秀事迹等。

2. 数学史能够激发学生的爱国情怀

爱国主义是中华民族精神的核心，是社会主义核心价值体系的组成部分之一，在民族复兴的历史进程中发挥着越来越重要的作用。因此，激发学生的爱国情怀既是引导广大青少年树立正确理想、信念、人生观、价值观，促进中华民族振兴的一项重要工作，也是学校德育的重要任务之一。

在教学过程中，教师应根据教学内容适时地对学生进行爱国主义教育，让他们从小建立爱国主义情感，将来才能成长为对国家、对社会有用的人才。

3. 数学史能够提升学生的探究精神

探索精神是人类基本的思维方式，通过探究，人们能够获得新的事物或新的知识。如果将探究精神用到在学习上，就会收到事半功倍的效果。

4. 数学史能够培养学生的数学思维

数学教学是一种思维活动的教学，数学思维能力的培养对开发学生的智力有着极其重要的作用和意义。

在认识了人民币后，学生发现我们现在流通的人民币只有1、2、5、10的面值，而没有3、4、6、7、8、9这些数字的面值，到底是为什么呢？接下来让学生尝试了解在1~10这10个自然数中，有"重要数"和"非重要数"之分，若用1、2、5、10就能以最少的加减，组成另一些数，如1+2=3、2+2=4、1+5=6、2+5=7、10-2=8、10-1=9。如果将这4个"重要数"中的任何一个数用"非重要数"代替，就会出现有的数需要两次以上的加、减才能组成的烦琐现象。因此，各套人民币（包括纸币、硬币）主要用1、2、5、10做面值，从而让学生明白，研究者的数学思维能力值得我们好好学习。

参考文献：

［1］吴骏.国外数学史融入数学教学研究评述［J］.比较教育研究，2013（8）：78-82.

［2］蒲淑萍，汪晓勤.HPM视角教师专业发展的研究与启示［J］.数学教育学报，2015，24（3）：76-80.

［3］柳成行.简明数学史［M］.哈尔滨：哈尔滨工业大学出版社，2008.

（羊城铁路总公司广州铁路第五小学　肖红）

二、数学史在小学低年段教学中的思考

数学史从一个侧面反映人类文化史，是人类文明史的最重要组成部分。今时今日数学已经广泛地影响着人类的生活和思想，大至航天力量的发展，小至市井买菜文化。即便如此，在一般人看来，数学仍是一门枯燥无味的学科，因而很多人视其为畏途。从某种程度上说，这是由于我们的数学教科书教授的往往是一些僵化的、一成不变的数学内容，如果能在数学教育教学中渗透数学史内容从而让数学活起来，不仅可以激发学生的学习兴趣，而且有助于学生对数学概念、方法和原理的理解与认识的深化，使学生在学习数学

的同时，感受数学文化的博大精深以及来自生活又服务于生活的本质。

在新课改的要求下，数学史逐渐融入小学数学教育，在小学数学教材中相关数学史内容的编排上可以看出其重要性。数学史作为数学文化的一部分，不仅对学生具有极大的德育、智育和美育价值，还有助于小学数学教师加深对学生数学认知过程的了解，提升对教材的理解能力，对全科阅读的推进也能起到必不可少的作用。数学素养的提出与重视，社会对于学生情感态度价值观的引导，以及学生创新意识在教学中的重要位置，这些都令社会对教师提出了更高的要求。全科阅读的引入立足于课程改革的融合性、实践性和开放性，是国家课程校本化的一大体现，如何能更好地推进全科阅读也是我们一线教师需要思考的问题。

由于数学史不是考试内容，很多教师对其都不够重视，要么让学生随意地自由阅读，要么教师随意地谈谈，一笔带过，更有甚者，索性对其视而不见。但我认为教材中的数学史呈现形式生动活泼，图文并茂，其目的是进一步拓宽学生的知识视野，增强学生体验，使学生产生热爱数学的积极情感。虽然人教版小学一、二年级的数学教材编入的数学史较少，但是不妨碍我们引入更多的数学史的内容。数学史的内容非常丰富，其中蕴含着丰富的数学思想和方法，是形成数学能力的必要条件，数学史的渗透不但能够体现数学的传承与融合，还能够反映数学应用以及数学与社会生活的联系；不仅能够让学生感受数学的发展史，拓展数学知识面，还能够通过教师平时教学的总结提炼，让学生不断形成发展数学素养。接下来我将以一、二年级的部分教学例子，谈谈数学史渗透在数学教育教学中的一些做法。

（一）在课堂上将数学史引入教学，用丰富的数学史吸引学生对数学学习的兴趣

《全日制义务教育数学课程标准（实验稿）》指出："要使学生初步认识数学知识与人类社会的密切联系及对人类历史发展的作用。"新课程标准中强调要让学生经历、体验知识的产生过程。但知识产生的过程需要长时间的实践积累，这显然不符合现实。因此，我们可以通过导入数学史的方法，在课堂中渗透数学文化，让学生在学到新知识的同时体会到知识的产生发展过程，以此实现教学目标。例如，在教学人教版小学数学二年级下册《克和千克》这一节课时，我先通过简单介绍中国古代如何测量质量以及中国古代质量单位的历史发展，在帮助学生进一步建立度量意识的同时，增加学生的学习兴趣。

于是我设计教学开始时用古代测量重量的工具图片引起学生的注意力，继而用图文、音频介绍数学史中国古代如何测量质量，然后在生活情境中找数学，将数学知识与学生的生活紧密联系在一起，这样引入数学史就不会显得生搬硬套，既能为数学课"增色"，又能增加数学内容的趣味性、灵活性和可读性。在本课结尾部分我通过视频《中国古代的质量单位》，让学生了解数学史中我国古代人民表示物体质量的单位，在增长学生见识的同时增加了学生对数学知识本身的兴趣，使学生的学习向更深处拓展，向更广泛的生活空间拓展，向思维的更高层次拓展，开阔眼界，丰富知识。

（二）结合全科阅读浪潮，从阅读数学绘本和读物入手，在潜移默化中加深学生对数学的热爱

怎样能让学生更自然地接触到数学史等深厚的数学文化，让学生对数学的热爱不只是停留在表面呢？这是我一直思考的问题。低年级的数学知识是比较基础的，与课本所授知识相关的数学史关联也比较少，而且低年级学生的阅读能力有限，仅靠课堂上对数学史知识、故事等引入的几分钟，估计学生能理解和消化的并不多，而介绍与数学经典问题相关的数学史，学生的解题理解能力估计也跟不上……现在推行全民阅读，低年级学生的阅读时间可以说是非常充足的，我觉得这是一个很好的机会，结合以上这些因素，把数学史的接触学习通过阅读让学生有一个循序渐进的接受过程，在阅读的过程中播种下对数学史的源远流长与数学知识日新月异的认知和热爱，从而在每天的阅读学习中不知不觉地加深对数学文化的探寻，在潜移默化中慢慢地深化对数学学科的热爱。

推荐课外读物从画面简单、色彩丰富而又有很好教育意义的绘本入手。例如，结合数学教材一年级上册的教学内容：数数以及20以内各数的认识，推荐学生阅读《数字在哪里》《世界上最帅的猪》《鼓鼓和蛋蛋的梦想》《越数越开心》……这些绘本图书重在引导学生去关注生活环境中的数字，从而逐渐了解数字代表的意义，让学生体会数字的魅力，同时也具有很

好的情感教育意义，让学生发现原来数学就在我们的身边，从而在潜移默化中爱上数学。又如，在教学一年级下册《100以内的加法和减法》时布置学生阅读《365只企鹅》《谁偷了包子》等，这些绘本都能引发学生的数学认知：原来数学能帮助我们不断地解决生活中出现的问题！当然随着学生年龄的增长，数学史的渗透可以更多元化，随着学生对文字的掌握和理解，我们可以不再局限于数学绘本的阅读，学生也表达出对数学知识更丰富的渴求。于是我给学生推荐文字更多、内容更丰富的数学读物，如《好玩的数学绘本》《冒险岛数学奇遇记》《走进奇妙的数学世界》等图书。数学绘本、读物中精细的数学知识、数学家故事、数学史，都能逐步提升学生的阅读理解能力，帮助学生建构严谨的数学思维和数学模型，从而引发孩子对数学知识的探寻，激发学生对数学更深层次的热爱。

（三）开展形式多样的活动，让学生在活动中把接触的数学史中蕴藏的价值再次体现，让学生在分享中深化数学素养

除了在课堂中渗透数学史，引导学生结合学习内容阅读外，我还利用多渠道做好数学史的渗透工作。例如，在班中黑板设立数学角，让学生分享和介绍自己收集的相关数学史的材料。内容是人们在数学学习过程中产生的数学趣题、难题，或者是数学家的轶事、格言及其成就等，学生在收集、阅读、学习、分享的过程中所获得的知识和培养的数学素养，比起教师纯粹讲解、灌输更有效。此外，在学生阅读完相关的数学读物后，我们会举行相应的数学读本分享会（如"寻找数学家小故事"），采用多个形式与同伴分享自己喜欢的数学家的故事。在这些活动中，有的学生用讲故事的形式分享数学家华罗庚的故事，有的学生用视频分享泰勒斯测量金字塔的故事，有的学生用多格漫画分享陈景润的故事。有时我会在阅读书籍后，结合教材相应内容或生活节日，布置学生结合自己的生活环境进行实践操作绘画活动，如画"数字画"或者"数字大设计"等，让学生感受数学既源于生活又服务于生活。在多种多样的活动中，学生越来越喜欢这些数学知识、数学史以及学习数学家的优良品德，从教师的被动输入到学生的主动学习，可以看出学生对学习数学的兴趣在不断持续并深化发展，学生在多项活动过程中感受到数学学习的乐趣，更能从中感受到数学家治学的严谨、数学的优美，感受到数学

精神，感受到数学知识海洋的灿烂。

作为数学文化的载体，在教育教学中渗透数学史必然会成为一个教学特色，更好地在低年级尤其是一、二年级的数学教育教学中渗透融合数学史，将是我们不断的追求。

参考文献：

［1］何腾飞.浅谈数学史在中学数学教育中的作用［J］.吉林教育，2016（1）.

［2］梁霞.浅谈数学史的发展［J］.中华少年：研究青少年教育，2012（10）：221.

［3］李海岩.数学史在小学数学教育中价值浅析［J］.课程教育研究：学法教法研究，2018（19）：79-80.

［4］李星云.论数学史在小学数学教育中的价值［J］.内蒙古师范大学学报（教育科学版），2016，29（3）：137-140.

［5］佚名.完美捕捉孩子数学敏感期，这些绘本少不了［J］.家教世界·V家长，2017（4）：42-43.

（广州市白云区汇侨第一小学　刘翠儿）

第二节　数学史走进课堂

一、数学史在小学数学课堂各环节中的应用

数学史具有回望与前瞻并存的特点，而且对数学及其教育的发展有着重大的推动作用。小学数学教师读数学史不是为了教数学史，而是为了更好地教数学。数学文化内容的特色栏目之一"你知道吗？"这一内容，不乏有很多数学史的内容，但如果把这些内容都让学生自己去阅读，未免有点太单调，有些学生可能根本不看。一线的数学教师应该发挥自己的主观能动性，把这一内容上得有趣、生动，符合学生的年龄特点。下面谈谈自己对这一教学栏目的认识和做法。

（一）人教版教材"你知道吗"栏目数学史的内容

在小学数学人教版（2013年版）教材"你知道吗？"栏目中，数学史的内容在各册不尽相同。我们先对它进行整理、概括、归纳，明了它的特点后，结合教学进度及相关内容设计，合理选择教学方法，使数学史在小学数学教学中真正发挥其作用。

根据对小学数学人教版（2013年版）教材"你知道吗？"栏目中六个年级共十二册书的统计，发现出现的次数达34次。首先，各学期出现的次数有所不同，高年段出现的次数比低年段的次数要多。其次，从内容呈现方式上来看，低年段的内容基本以图片为主，高年段的内容以图文结合的形式为主，文字较多一些，所有涉及的内容都与该教学内容相匹配。这些表现形式主要是根据学生的年龄特点而设置的。作为一线教师，该如何根据教材的设置和学生的特点发挥数学史的真正作用？我们可以尝试把数学史分别放在课

堂的不同环节中，促使学生"动"起来。

（二）人教版教材"你知道吗"栏目数学史的教学实践

1. 将数学史用于导入新课，带动学生进行想象

新课的导入是激发学生兴趣的起点，数学史蕴含着丰富多彩的问题、思想及方法，我们可以借鉴数学史为学生提供探索求知的机会。例如，在三年级下册《位置与方向（一）》这一内容中，我们可以用第6页的"你知道吗？"指南针的介绍进行导入。教师可以让学生想象一下，如果现在没有那么先进的工具，我们如何寻找方向？再通过视频，提问学生你知道我国著名的四大发明之一——指南针吗？人们发明它有什么作用呢？这样的教学设计既勾起了学生的求知欲，又让学生了解了我国的历史，增强了学生的爱国主义情怀，同时把这节课要学习的"北"这一方位引导出来。

又如，在三年级下册《年、月、日》这一课内容中，我们就用第78页的"你知道吗？"二十四节气歌的介绍进行导入，通过讲故事的形式道出24个节气，带动学生想象每种不同的节气，从而在日历中去找这些节气。这样既丰富了学生的见识，又增强了这节课的趣味性。所以，把数学史作为新课导入，既能发挥学生的想象力，又能让学生获取探索之乐。

2. 数学史用于课中的介绍，推动学生进行求知

把数学史放入课中学习，既对新授知识进行补充，又丰富了教学的内涵，课堂上体现了人的元素，展示出文化之魅力。对于学生来说，学习新知识后，适当的练习后会产生疲惫的状态。这时增加一些新的元素，补充一些数学知识的演变和发展的历史，会使学生再次产生兴趣，推动他们的求知欲。例如，一年级上册"我国古代算筹表示数""古埃及使用象形数字"，二年级上册"乘号的由来（英国数学家奥特雷德）""我国乘法口诀的介绍"等，这些内容都可以在新授课后的课中展示，学生通过本节新授课了解到一些不同的数和运算方法，练习巩固后再出现相应的数学史，进一步让学生知道数学知识在不同时期、不同国家间的演变历史，推动了学生的求知欲，激发了学生学习数学的趣味。通过实践发现，关于历史上的数学著作和数学家的知识都可以在课中呈现，以彰显德育之效。

3. 数学史用于课后拓展，带动学生进行拓展

在主要知识点教学后，我们要让学生体会到知识源于生活，又服务于生活。在课后进行相关联的各方面拓展可以对这一内容进行补充与总结。由于课堂的时间有限，很多教师会直接介绍数学史料，但大多停留在史料本身，只讲是什么，少讲为什么。课后的拓展就没有那么多的限制，教师可通过数学故事、数学小报、数学辩论等方式，对数学史进行拓展。例如，在教学四年级"数字的演变史"时，教师可让学生先做准备，然后在班级开展故事大会。在教学六年级下册"负数的演变史"时，教师可让学生先搜索相关内容，然后在班级进行辩论赛：负数要不要存在？正方辩题：负数应该存在；反方辩题：负数不应该存在。这种教学形式不仅能提高学生学习数学史的乐趣，还能拓展学生的课外知识，增强他们的求知欲。

（三）人教版教材"你知道吗"栏目数学史的思考

1. 加强对教师的培训，让这一内容发挥到实处

在日常的教学中，很多教师因为这一内容不做测验、考试的安排，所以很多时候都没有重视。有的采取学生自学的方式，没有落实学生自学的实效；有的则视若无睹，完全不理会；有的则是不知道从何入手进行教学。根据这些实际情况，建议两点：一是加大对这一内容的培训，可以采用继续教育的方式，可以采用培训讲座的方式，也可以把这一内容具体安排在集体备课当中。二是有部分数学史的内容可以穿插在试卷中，引起教师的重视。

2. 充实"你知道吗？"数学史资料，让这一内容更丰满

"你知道吗？"的内容都较为简单，教师可以对其进行补充，在低年段，可由教师进行内容的整合，以制作视频、进行绘本阅读等形式，丰富其内容。在高年段，可由学生通过制作数学小报、数学史故事会等形式，丰富其内容。

3. 形成作品，让学生进行分享交流

教师可指导学生利用课余时间进行归纳、整理，形成数学日记、学（读）后感或手抄报等作品。当数学史的资料丰满后，教师对学生的数学学习结果、学习过程、学习水平、学习方法、学习态度等进行即时的激励性评价。同时注意提供平台给学生，让学生分享自己的作品，起到相互促进的作用。

参考文献：

［1］吕志燕.关于将数学史融入到小学数学课堂教学的思考［J］.文存阅刊，2018（2）：94.

［2］王晓如.关于新人教版"你知道吗？"的教学思考［J］.学校教育研究，2016（4）.

［3］王九红.小学数学教材数学文化内容的编写——基于四种版本教材"你知道吗"栏目的统计与分析［J］.教育理论与实践，2010（2）：22-24.

［4］蔡宏圣.数学史走进小学数学课堂：案例与剖析［M］.北京：教育科学出版社，2018：1-5.

（广州市白云区景泰小学　何超华）

二、让数学史走进课堂——以《6～10的认识和加减法》的整理和复习为例

让学生学会必要的知识和技能是小学数学课堂教学的目的，把数学史引进课堂，借助数学史的阅读，激发学生对数学的兴趣，促进学生对数学知识的深入理解，有效提升学生的数学素养，充分体现数学的育人功能。

（一）数学史走进课堂，促进学生数学素养发展

《义务教育数学课程标准（2011版）》指出："数学史是人类文化的重要组成部分，数学史应该渗透到整个教材中。"小学数学史知识出现在数学课本的形式主要有"你知道吗？""生活中的数学""阅读资料"和"数学广角"四种类型，而课本中又以"你知道吗？"这种形式的占比最大。在"你知道吗？"中主要介绍与数学有关的历史知识，包括数学生活趣闻、数学科学家的故事等。数学史走进课堂，有助于学生更好地理解数学，感悟和体验不同年代、不同国家的数学底蕴，从而提升数学素养。而我国在数学领域的成就有着深厚的历史，数学科学家（如刘徽、陈景润、祖冲之、华罗庚等）的故事都是很好的素材，可以激励学生对数学的探索，熏陶学生的数学

素养。数学史可以让学生感受到我国古代人的聪明才智，对他们树立正确的人生观和价值观起着很大的作用。例如，笔者在执教一年级上册第五单元《6~10的认识和加减法习》的整理和复习一课中，结合教材中的"你知道吗？"知识，先通过古代人用石头计数、结绳计数的图片引入，引起学生学习的兴趣；再结合生活的实际，随着生产和生活的发展，这些简单原始的计数方式已经满足不了需要，所以古代人又发明了算筹，从而自然地把算筹的数学史引入课堂中。算筹又是如何表示数的呢？通过质疑，引发了学生想深入探索的学习动力。接着通过向学生介绍算筹表示数的方法，让学生试着用算筹来表示数，学生就会联想到摆"小棒"来表示算式和计算，从而领略到数学的发展魅力。然后，教师向学生介绍了算筹的制作材料的发展过程，由原始的兽骨到竹（木），由于竹容易断，又想到用金属和象牙制作，算筹材料的发展和工具的不断改良，反映了古代人的智慧，让学生感受到自己国家古代人的智慧和历史的不断进步。最后，从用算筹表示数，引导学生联系到我国的算盘，让学生明白算盘是在算筹的基础上产生的。为了让学生更深入地理解算筹这一数学史知识，笔者还收集算筹图片、视频等资料，结合学生的年龄特征，设计可视化方式介绍算筹，让学生经历了数的演变过程，在学习数学的同时了解相关的史料知识，提升学生良好的数学素养，从而有效地促进学生数学素养的发展。

（二）数学史走进课堂，引发学生学习数学的兴趣

兴趣是最好的老师，数学史走进课堂，在课堂内介绍数学史知识，拓宽学生对数学知识的认识，更能引发学生学习数学的兴趣。在《6~10的认识和加减法》的整理和复习一课中，回顾了0~10数字后，笔者适时地进行阿拉伯数字数学史知识的渗透。从学生开始了解数字，教师就会告诉学生像1、2、3……这些数字叫阿拉伯数字。为什么把这些数字宝宝叫作阿拉伯数字你知道吗？通过提问引发学生的探索意愿，因为一年级学生具有强烈的好奇心，他们急于知道答案。这时通过微课的形式让学生观看视频，既能满足他们的好奇心，又能引发学生学习数学的兴趣，做到一举两得。学生通过观看《阿拉伯数字的由来》视频，加深了对阿拉伯数字的认识，又激发了学生进一步深入探究阿拉伯数字为什么会长这个样子的兴趣，在学习中一步一步地把课本知识向课本外延伸。这节课结束后,对于好奇心重的孩子,他们还会去寻找阿拉伯数字的发展过程,相信这不是一节课的结束,而是抛砖引玉引发起学生对数学的学习兴趣,带学生把知识拓展到课外去。通过向学生介绍阿拉伯数字的数学史知识,了解了阿拉伯数字的发展史,感受古代人的聪明才智,为学习数学注入了动力。小学数学教师,只要愿意做有心人,结合教材发掘数学史内容,既能拓展学生的数学知识面,又能培养学生学习数学的兴趣。

(三)数学史走进教室,丰富了数学课堂

数学史走进课堂,不仅引发了学生学习数学的兴趣,还丰富了课堂,让数学课堂更精彩。例如,在教学一年级上册《6~10的认识和加减法》的整理和复习时,笔者结合教材"你知道吗?"中古埃及的象形数字数学史知识进行教学。先介绍古埃及象形数字的表示方式,引发学生想利用古埃及象形数字进行计算的欲望,然后出示用古埃及象形数字表示的算式,让学生尝试读出算式并计算,大大地提高了学生学习的主动性。在计算过程中,因为用古埃及象形数字表示一个数需要重复多次,相对于阿拉伯数字会更复杂且影响计算速度,从而让学生体会到阿拉伯数字的便捷。学生在数学史的学习过程中,学会了用古埃及象形数字进行简单的计算,大大地丰富了数学课堂,学生认识到数学并非生硬的数字和计算,他们也从计算中领悟到数字的进化。同时,通过对古埃及象形数字数学史学习,学生认识到数学并不是抽象的、冷冰冰的数字,数学与生活是紧密联系的。

综上所述,数学史乐趣无穷。数学史走进课堂,可以使数学课堂充满生机,既引发了学生的学习兴趣,丰富了数学课堂,又培养了学生的数学素养。所以我们每位教育工作者都要重视对数学史的研究和开拓,把数学史有机地融入数学课堂,让学生在课堂中领略不一样的数学。

参考文献:

[1] 中华人民共和国教育部.义务教育数学课程标准(2011年版)[M].北京:北京师范大学出版社,2012.

[2] 张江.数学简史[M].北京:科学出版社,2007.

[3] 蔡宏圣.数学史走进小学数学课堂:案例与剖析[M].北京:教育科学出版社,2016.

［4］李伦.数学史在小学数学教学中的融入［J］.西部素质教育，2018（3）：252.

［5］杨莉.通过数学史的学习，培养学生数学文化素养［J］.科技信息，2011（12）：208.

［6］小学数学课程教材研究开发中心.义务教育教科书教师用书·数学一年级下册［M］.北京：人民教育出版社，2016.

（广州市白云区华师附中实验小学　张桂芳）

三、教学改革探讨之浅谈数学史进课堂

（一）数学史进课堂的现状

在人教版数学教科书中，小学数学的数学史知识以"你知道吗？"模块呈现，其内容主要有数学发展史、数学家解决的数学问题、解决问题的策略等，以及数学家在现实生活中遇到的奇特事物。教师在课堂上运用这些数学史知识，不仅能激发学生的学习兴趣，还能让学生感悟其中的数学思想。但在课堂上，教师把新知讲授作为重中之重，却忽略了把相关的、有趣的数学史知识融入课堂，使得课堂较为枯燥，特别是在低年段，教师可能会认为学生听不懂，从而将数学史知识一带而过，缺少了知识的拓展，错失了提高学生学习兴趣的机会。

回顾笔者的课堂经验以及其他数学教师的课堂，发现数学教师在课堂上融入数学史的情况不一，有些教师会在课堂上有意识地渗透数学史，有些教师只是偶尔提一提或者让学生自己课后阅读。将数学史融入课堂教学是数学教育发展的趋势，其教育价值是不可替代的。作为教师，不仅需认识到自身掌握数学史、运用数学史的重要性，还要有意识地引导学生接触数学史，提高学生的学习兴趣。

（二）数学史进课堂的案例简析

对于学生来说，数学课堂上的知识是比较枯燥的，如果学生只是单一地学习，而不去发现数学知识背后的历史，课堂学习会变得更加枯燥乏味。教

师在数学知识的教学中渗透数学史的相关知识，既能激发学生的学习兴趣，也能提高学生的数学素养。而数学史是数学文化的载体，可以丰富学生对数学的认识，有助于学生形成数学思维方法。

在人教版数学一年级上册第五单元《6~10的认识和加减法》教学中，编排了两个"你知道吗"模块，其中一个是介绍中国古代用算筹表示数，另一个是介绍古埃及的象形数字。在学习6~10的认识之前，学生已经学习了1~5的认识，学生能有效掌握简单的数的书写和组成，所以对6~10的认识有了一定的学习思路，即使学生自主学习，也能很快掌握其书写及组成，但课堂难免会乏味。此时，教师可以借助课本第60页的"你知道吗？"模块，让学生在学习新知识的同时，了解我国古代是用算筹来表示数的。课堂中，在学生掌握了6~10的书写后，教师可以通过故事的引入，提出古代人们用纵式的算筹表示1~5：一条竖线表示1，两条竖线表示2，三条竖线表示3，四条竖线表示4，五条竖线表示5。引导学生观察，发现是用竖线的数量表示每个数，紧接着可以让学生大胆猜测，6会是怎样表示？以此激发学生对数学史的学习兴趣，可能有学生认为是六条竖线，此时教师给予肯定，但同时提出，为了方便书写，6表示为一条横线加一条竖线，引导学生思考：竖线表示几？横线表示几？让学生以接受新知识的方式，探讨古代人类的智慧，并根据其特性完成7~9的算筹表示。教师可以归纳纵式的表示方法，并以此激发学生的学习兴趣，引导学生探讨横式的表示方法，进一步锻炼学生的数学思维，提高其思考能力和动手能力。

紧接其后的知识是6~10的加减法，对于一年级学生来说，10以内的加减法可能在幼儿园时就已经掌握了，所以学生在学习时会存在"我会了，不听课也可以"的想法，从而导致不认真听课。教师可以借助该单元第二个"你知道吗？"模块，以游戏的形式呈现，让学生了解古埃及的象形数字，并在黑板上书写出用象形数字表示的加减法算式，提示学生个别象形数字是几，激发学生的学习兴趣及观察能力，让学生对其他算式中的象形数字进行观察判断，并计算只有象形数字的算式。在这里安排数学史的引入，不仅能让学生了解古人的智慧、丰富对数学史的认识，还能调动学生的思维，让学生体会数学思考。

（三）数学史进课堂的对策方法

教师了解数学史的发展可以更好地发现数学的文化价值，教师对数学史的掌握与理解，是直接影响数学史进课堂的首要因素。《义务教育数学课程标准（2011年版）》中强调："数学文化作为教材的组成部分，应渗透在整套教材中。"在小学数学的教材中，大部分数学史知识都安排在教学内容之后，教师应结合自身对教材的理解和掌握，清晰数学史在教材中的编排和呈现形式，结合教学内容及学生的年龄特征，适当地引入数学史。

教师应怎样将数学史融入课堂呢？参考相关学者文献及笔者的思考，提出以下观点：①在讲授知识的概念时，渗透概念形成的数学史，在学生不太理解的抽象概念面前引入数学史能有效地使学生了解其历史；②在实际操作活动中，渗透活动的数学史，提高学生的兴趣；③在连贯的教学中，让学生探索规律，教师在引导学生发现规律后，引出包含一连串知识的数学史，可加强学生对知识的理解和记忆，并继续激发学生探索更多的规律和新知识的兴趣；④在归纳总结中提升数学史知识，引导学生对数学史知识进行整理、分类，加强学生对数学史知识的掌握与理解。

参考文献：

［1］王玉娇.数学史料融入小学数学教学中的现状及对策研究［D］.锦州：渤海大学，2018.

［2］刘丽凌.谈小学数学的数学史渗透［J］.数学学习与研究，2017（6）：45-46.

［3］梁宇.试论如何在小学数学课堂教学中融入数学史内容［J］.兰州教育学院学报，2016（1）：162-163.

（广州市白云区平沙培英学校　叶诗滢）

四、数学史进课堂存在的问题及策略

（一）正确认识数学史进课堂的意义

教育家波利亚指出："只有理解人类社会如何能够获得某些事实或概念

的知识，我们才能对人类的孩子应该如何可以获得一个这样的知识发展做出更好的判断。"数学史存在的意义，不仅在于能够让学生了解数学知识的历史发展，更在于能够让学生充分掌握知识的本质。

1. 有利于激起学生学习数学知识的兴趣

将数学史融入课堂，能够改变过去教师一味地灌输知识本身的教学过程，让学生在历史知识的引导下，以数学发展的过程为出发点，激发学习数学、探索数学的兴趣。例如，对于十进制的教学，教师可以向学生介绍它的来源及历程，人类在屈指计数的过程中存在不够用的情况，然后再用一个石子代替，就解决了手指用完的问题，因此产生了满十进一的思想。

2. 有利于学生养成用数学思考的习惯

数学史既是有趣的史料，也是包含着数学本质思想的史料，教师将数学史的史料引入课堂教学后，最终要落实到学生对于数学知识的思考和理解，这样就有助于引导学生发现数学知识的进化过程，了解一个个数学知识点的源头和本质，培养学生以数学的思维去思考知识点，以严谨的推理过程去理解知识点，而不是死记硬背。

3. 有利于从数学角度培养学生的爱国情感

小学数学教育除了要培养学生的数学能力之外，还应当注重培养学生的爱国情感，这是数学课程本身需要承担的重要任务。我国数学史的发展极大地促进了世界数学的进步，祖冲之是第一位将圆周率值计算到小数第7位的科学家，刘徽的《九章算术注》等著作世界知名，陈景润在证明"哥德巴赫猜想"方面让其他国家的数学家钦佩不已……这些历史及人物的介绍，能够极大增强学生对于国家的热爱，对于民族的热爱，培养出他们爱国的内心情感。

（二）数学史进课堂在当前存在的问题

1. 数学史的介绍缺乏趣味性

数学史本身就是一个个有趣的故事，但是如果教师仅仅是为了讲授知识，而缺乏对数学史的故事性、历史性的表达，就难以吸引学生。部分教师讲述的数学史过于浅显或过于深奥，缺乏层次性，导致学生兴趣不高。如果数学史表达的方式较为简单，没有表达出数学发展的曲折，难以引发学生的思考；或者数学史料的讲述过于深奥，则会削弱学生学习数学知识的兴趣。

2. 忽视了数学史中蕴含的文化底蕴

数学史是一个庞大的历史资料库,数千年来积淀下来的不仅是知识和历程,更蕴含了丰富的文化底蕴。这种底蕴已经可以成为一种独立的文化,是数学科学独有的特质。数学史的文化底蕴,体现在数学的起源、发展、应用等过程中,其对于人类观念的形成、思想的转变、思维方式的影响、教化功能的应用、创新精神的培养等方面都具有独特的意义。

在数学史进课堂的过程中,部分教师完全忽略了这一点,只是为了活跃课堂气氛才想起来讲一点数学史料,完全抛弃了数学史中包含的教化功能等,因小失大,这是与数学史进课堂的初衷背道而驰的。

3. 未能兼顾数学史和数学知识的统一

(1)只注重知识点而缺乏历史引导。

不少教师在讲述数学史时没有什么情感,所讲的东西也仅仅是一带而过,主要话语仍然着眼于大量的知识点,平平淡淡,不具备吸引人的元素,这就让数学史失去了应有的魅力。

(2)为了趣味性而忽略了知识点。

部分教师完全是为了讲史而讲史,完全忘记了自己讲数学史的目的,课堂气氛无比活跃,但是活跃过后,学生没有受到任何数学文化的熏陶,哈哈一笑就过去了,造成了课堂时间的浪费,没有能够在趣味性和数学知识讲授方面形成一种平衡和统一。

(三)数学史进课堂的策略

如果想要将数学史更加有效地引入数学课堂,教师就应当对教学的各个阶段进行仔细分析、精心设计,大致可以从以下几个方面进行尝试。

1. 数学史引入课前准备

(1)把握数学史的引入时机。

数学史的引入,不是课堂上的灵机一动,而是在备课阶段就应当精心设计,它应当如何出现,以什么方式出现,以什么内容出现,这就需要教师深刻理解教材章节的重难点,研究如何融入数学史。

例如,我在讲与圆有关的概念和性质时,会先向学生讲述记载的有关圆的知识的历史,如战国时期的《墨经》等,其中包含"圆,一中同长也"

等内容，让学生既明白圆的性质，又能够了解我国历史上有关圆的知识的发展，感受我国数学史的发展历程。在对数学教材的理解方面，教师要清楚各个章节的教学目的、知识的重难点等，并根据具体内容有针对性地融入数学史料。需要注意的是，不能因为引入史料而造成课堂的混乱。例如，部分教师纯粹是为了激发学生的兴趣，虽然将数学史讲得津津有味，但是学生注意的方向也被彻底带偏，兴高采烈地讨论数学史上的人物，打乱了课堂节奏，导致该讲的重难点没有讲完，影响了教学进度。

（2）充分了解学生的数学思维水平。

从思维模式来看，不同的学生是不一样的，所以他们对于数学史的理解也各有不同。教师应对不同的个体进行摸底考查，据此将整个教学班内学生的数学思维程度大致分为几个层次，并根据层次的不同进行语言上的组织，体现出讲解的层次性。

2. 科学引入数学史料

（1）科学设计数学史情境教学。

一些教师讲述的数学史之所以不具有吸引力，除语言方面的原因外，还缺乏一种因素，即情境的设计。具有吸引力的问题情境能够做到生动具体，让人有身临其境的感觉。而想要实现这一点，教师必须充分考虑数学史本身的内容、可以引入的场景等因素，着重刻画背景、营造气氛，让学生在历史的长河大背景中感受数学的发展历程。

例如，我在讲述π的过程中，将π的历史发展做成动画和PPT等形式，一步步向学生展现π是怎样发现、怎样发展的。让学生进一步了解祖冲之等中国历史上的数学家。学生对这方面的历史知识产生了浓厚兴趣。在此基础上，我又结合历史所涉及的有关范围，向学生进一步介绍"釜"等量器，加深了学生对于中国古代测量知识的了解。

（2）把握数学史和数学知识的平衡与统一。

教师如果想要把数学史和数学知识有机结合，就必须尽量利用数学史本身激发学生求知的积极性和主动性，让他们心里产生疑问、好奇、求知欲，把历史设计成一种引导物，让学生自己产生一种需要，即通过自己掌握的知识来探究问题的答案，并享受整个探究过程。

3. 注意对学生思维的引导

数学史的发展是环环相扣、十分严谨的，但数学的思维方式应当是发散的，在数学史引入的过程中也应当这样。

（1）引导学生发散思维。

在每解决一个数学问题的同时，数学得到了发展和完善，在此过程中，数学家的思维并不是固定的。教师应利用这一点，打破学生对于数学知识的思维定式，让他们迸发出新的思维，并以此为契机，教育学生在考虑任何问题时都要多思考，不能固定在一种思维模式上，让学生的思维渐渐开阔。

例如，勾股定理在数学史上是一个很重要的定理，在讲述时，教师既可以向学生讲述基本原理，也可以向学生介绍历史上的面积证法、弦图证法、比例证法等，通过比较不同的方法，让学生进一步加深对于勾股定理的性质的认识，同时发散思维，掌握更多的证法，通过不同的途径来掌握这一定理。

（2）有效引导学生的思维。

在融入数学史的过程中，学生的思维被激发并发散，但由于年龄原因，他们容易漫无目的地思考，从而脱离了课堂知识学习。在这一点上，教师应引导学生将思维回归到数学史本身上，回归到基本概念、基本公式等数学知识之上，最终要回归于教学目标本身。

参考文献：

[1] 薛红霞. 在数学教学中渗透数学史的作用 [J]. 教育理论与实践，2005（12）：41-43.

[2] 范建坤. 小议数学史走进课堂的教育价值 [J]. 辽宁教育，2014（7）：93.

[3] 曹爱华. 利用数学史培养学生的数学核心素养 [J]. 辽宁教育，2019（3）：56-57.

[4] 刘超. 新课程理念下数学史教育价值的实践探索 [J]. 教学与管理，2011（3）：64-66.

（广州市白云区金泉小学　刘彩红）

第三节　数学史与课堂的融合

一、数学史融入小学数学课堂教学的意义初探

《义务教育数学课程标准（2011年版）》将数学史与数学文化作为重要内容和理念纳入其中并指出："教材可以适时地介绍相关背景知识，包括数学在自然与社会中的作用，以及数学发展史的相关资料。""数学教育无疑能从数学史中汲取更丰富的养分，数学史也完全能够促使数学教育变得更加丰富和深刻。"

（一）结合数学史教学，点燃学生浓厚兴趣

兴趣是最好的老师。数学语言包含多种文字、符号以及图形，高度抽象且符号化，数学概念、公式、定理、性质大多表述简洁、精练，理解晦涩，令许多学生望而生畏，并且而教学效果也因为学生求知欲望的欠缺而大打折扣。其实，许多数学知识的产生都蕴藏着风趣的故事，因此，在小学数学课堂教学中，教师在适当的时机融入一些有趣的数学史料能更好地激发学生学习数学的兴趣，让学生对数学知识有更大的追求热情。

从儿童心理年龄结构特征看，将有趣的数学史融入低年段课程教学教材，更能唤醒学生对数学学习的兴趣，从而激发他们学习数学的热情。例如，给学生讲述有趣的历史故事，以数学奥秘吸引他们，让他们知道，学习数学不应该只是概念、定义、定理、解题那样枯燥乏味，这有利于提高学生学习数学的热情。

例如，在《认识时间》的授课中，我和学生一起阅读了祖逖"闻鸡起舞"的故事，将"时间"这个抽象而笼统的概念通过故事具体化，不仅告诉

了学生要珍惜时间的道理，还让学生在主动参与和积极思考的过程中收获乐趣。更难能可贵的是，学生深深感受到了数学在生活中解决实际问题的实用性和普遍性，激发了他们的求知欲和学习数学的兴趣。

（二）渗透中华文化，增强学生爱国情感

小学生的知识储备能力比较薄弱，认知能力仍有待加强。在课堂中渗透数学史观，不仅有利于点燃学生兴趣的火苗，鼓励他们打开求知的大门，还有利于搭建起学生与数学思考之间的桥梁，培养学生的思维能力，促进学生了解数学概念、理论知识、演化历程，拓宽眼界，了解博大精深、源远流长的中华文化。

结合当今世界形势和国情，中华文化在经济全球化和世界一体化的发展中，严峻挑战与巨大机遇共存。党的十九大报告明确指出，我们要坚定文化自信，推动社会主义文化繁荣昌盛。小学生正是祖国的将来，是祖国未来的建设者，增强学生对中华文化的认同感和对文化自觉的担当意识尤为重要，而加入了数学史料的数学课堂正是加强学生文化熏陶和实践养成的绝佳机会。

中国古语有云："读书百遍，其义自见。"阅读不仅在语文教学中有着举足轻重的地位，在重视学生数学核心素养培养的小学数学课堂教学中也起到重要作用。在课堂上，教师和学生一起阅读精心挑选的数学历史小故事，有利于挖掘史料价值，让史料内容和课堂内容完美融合。譬如，古代计时的日晷，是古代人类利用太阳光线测时间的一种仪器，其工作原理是利用太阳的投影方向来测定并划分时刻。铜漏壶，是古代社会人们在用陶器取水、储水的时候，通过细心观察，发现时间和漏水容器水面下降的高度有对应的关系，于是灵机一动，制作了专门记录时间的漏水壶——在盛水工具的壶底或靠近底部凿一个小孔，通过观察孔口流水使铜壶的水位发生变化，从而测量时间。我国铜壶滴漏的发明时间要远早于外国制作的滴水计时器，应用也更加广泛和普遍，是重要的计时工具。

通过阅读古代计时史料，学生在了解时间记录方式演化历程的同时，也了解到了很多数学模型是古代人们智慧的结晶，感受到数学知识亘古不变、生生不息的魅力，拓宽了眼界，增强了文化自觉和文化自信，提升了核心素养。

（三）融入数学故事，提高学生迁移能力

数学史是教师在小学数学课堂教学中传递数学文化、数学思想的重要载体之一，在重视培养计算动手能力和教学数学理论的小学数学课堂上，挑选合适的时机，恰到好处地引入数学史内容，可以调动学生兴趣，有利于引导学生从多方位认识数学，拓展思维，举一反三，提高学生的迁移能力和教学效率，推动课程教学顺利完成。

在四年级简便运算的教学中，为了培养学生的数学思维和举一反三的能力，我在备课的过程中想到了著名数学家高斯的故事。于是，上课时，我在黑板上写上"1+2+3+…+98+99+100=？"这一算式，提问学生："你能很快说出结果是什么吗？"学生们一看题目，乐了：太简单了，不难呀！一年级的题目，能难倒我？于是，一个个学生都拿起笔，仔细认真地，一个数一个数加起来，很快，每个学生的纸上都出现了一堆算式。慢慢地，学生们计算的速度越来越慢，一个个面有难色，着急起来。我看着他们急得通红的小脸蛋，抓住时机说："有个小朋友能很快说出答案，你信吗？"孩子们吃惊了，一个个睁大了眼睛。我趁机给他们讲了"数学王子"高斯的故事，顺势给他们讲解了等差数列求和的相关知识："1+100=101，2+99=101，3+98=101，…，49+52=101，50+51=101，而像这样等于101的组合一共有50组，所以，答案很快就可以求出：101×50=5050。"方法简明易懂，学生们听后都恍然大悟：原来还可以这样算。从那以后，他们碰到问题，都能先认真思考之前所做过的相关习题和解决方法，再进行综合思考，从而找到最佳方案，用最优解解决问题。

（四）丰富教学内容，拓宽学生知识眼界

小学生活泼好动，思维也很活跃，教师在教学的过程中，可以结合教材，为学生讲述数学的发展历程，重视学生思维价值的提高，让学生走近数学、了解数学，感受数学的魅力。

加入数学史的数学课堂，不再是冰冷死板的符号和数字，而是富有趣味的数字游戏。在将数学史融入数学课堂的实践教学过程中，我也学习到了很多数学相关知识，拓宽了自身的知识面，丰富了自己的教学内容，实现了教学的创新和发展。例如，在教学一元一次方程之前，在备课过程中，我学习

到了中国古代数学家用"元"这个字来表示未知数x,"方程"这个词第一次出现在《九章算术》第八卷,"方程"中"方"的意思为并列,"程"的意思为用算筹表示竖式。在深入了解一元一次方程的数学史后,我在课堂上能更好地为学生讲解相关概念、历史和现状,丰富教学过程,将生硬、抽象的概念分解成一个个鲜活的例子,将内容解说得更加明晰,逻辑更加缜密,更加符合教学要求。

(五)结语

综上所述,数学史和数学课堂的有机结合,既有利于学生感受数学进步的历程,体悟数学家们的心路历程,激发学习热情,启发创新能力,提升核心素养,也有利于教师在学习数学发展历程的过程中,加强自身积累,提高教学修养,丰富教学课堂内容,关注数学知识的形成历程,使数学文化潜移默化地深入学生内心,培养他们的思维习惯,从而提高课堂的效率和教学质量。

参考文献:

[1] 曾峥,杨豫晖,李学良.数学史融入初中课堂的案例研究[J].数学教育学报,2019,28(1):12-18.

[2] 陈小英.数学史融入小学数学教学的四种运用方式[J].福建基础教育研究,2019(9):76-77.

[3] 梁结芬.小学数学课堂渗透数学文化的实践研究[J].数学学习与研究,2018(8):82.

[4] 穆平.引导数学阅读提升学习能力[J].小学教学参考,2020(3):34-35.

[5] 于昊.数学教学中应用数学史的价值、困境及策略[J].内蒙古教育(职教版),2015(11):68-69.

[6] 朱丽萍.浅谈在数学教学中渗透数学文化的策略[J].小学教学参考,2017(17):94.

(广州市白云区三元里小学 李江英)

二、数学史在小学数学教学中的渗透策略——以"鸡兔同笼"为例

数学史是研究数学学科的发生、发展及其变化规律的科学,它凝结了人们在各类数学实践活动中的智慧,对数学教学起着重要的指引作用。在数学教学中,教师以数学史为载体、媒介,可以帮助学生了解数学知识的诞生历程,从而让学生更好地学习数学知识,感悟科学家的思维方式,进而有效地获得数学思想方法。

小学阶段更为重要的是培养学生的学科意识与学科认知,在小学数学课堂中引入并渗透数学史,让数学知识的呈现方式更加具有故事性及挑战性,不仅切合了小学生当前的感性思维特点,而且对从小培养学生的数学学科素养也大有裨益。为此,教师在组织教学活动时要采用多种方式,在小学数学课堂中融入数学史。接下来,笔者将结合"鸡兔同笼"的教学实践谈谈在小学数学教学中渗透数学史的有效途径。

(一)导入时,让数学史牵动学生的心

在学生们的求知生涯中,兴趣是维持一切学习的动力与源泉。学生在兴趣的助推下学习不仅不会感觉到困乏,反而还会产生一种求知探险者的兴奋感和成就感。在新课中,教师恰如其分地介绍数学史,不仅能够充分激发学生的好奇心与探索欲望,让他们全面感知数学知识的来龙去脉,还能够帮助学生延长和改善听课的注意力状态,进而高效率地完成学习任务。

片段1:动画导入历史名题,引出新知

历史名题:今有雉兔同笼,上有三十五头,下有九十四足,问雉兔各几何?

教学思考:在数学课堂教学中不失时机、恰到好处地介绍和引入一些古今中外数学史上的经典名题,能让严肃的数学变得趣味化,让学生愉快地参与数学学习,在不知不觉中亲近数学、亲近数学史。

动画短片的最大特点就是它的直观形象性。学生不仅可以听,还可以看;看到的不仅有静态的,还有动态的。动画资料具有声像结合的特点,需要学生眼耳并用,这一模式更加贴近小学生的日常思维习惯,既能促进学生

对知识的吸收，又让原本看似平淡无趣地存在于教材课本上的"鸡兔同笼"问题因变得生动有趣，这些无疑都有利于提高学生对数学的兴趣和喜爱。

教师可以通过多媒体，借用声音影像来趣话数学史，围绕教材内容融合数学史，利用趣味游戏理解数学史，探究数学趣题，亲近数学史，从而激活互动课堂，让数学史更好地走近学生的数学学习，指引学生更好地探索数学的本质，揭示数学的规律，学好数学。

（二）探究时，让数学史助学生明晰数学推理

在数学教学中，教师要让历史返回现场，给学生一种身临其境的感觉，再现数学问题的解决过程，通过思考，激发学生思之兴趣，开发学生思之潜能。同时，重演数学知识的产生过程，重演数学家数学思考的心路历程是进行建构式数学探究的有效路径。在数学教学中，让学生在思考中再造历史，就是让学生探究数学家展开数学思考的路径，这将有助于学生感悟科学家面对问题时选择方法的独特智慧。

片段2：对比古今算法，发散学生思维

古代算法：

在课堂上，教师先指导学生阅读古代《孙子算经》中的经典算法——"金鸡独立法"，由于学生对古文理解能力有限，学生看得懵懵懂懂，只觉得古人的方法很巧妙、很简洁但具体奥妙在哪里一时难以明白。此时，教师可顺势采用学生们喜闻乐见的动画演示的方式展示"金鸡独立法"的完整思考过程，学生顿时恍然大悟，纷纷竖起大拇指，赞叹先人的大智慧。

与此同时，教师趁热打铁，及时总结，《孙子算经》中古人运用的是数学上重要的思想方法——假设法，先做一次除法再做一次减法，即可求出兔子数，如此简单！之所以可以这样算，主要是因为本题中兔的脚数（4）是鸡的脚数（2）的2倍。可是，当两种动物的脚数不能够满足倍数关系时，上面的巧算方法就行不通了。因此，我们需要总结出适用"鸡兔同笼"模型问题的一般解法，由此教师就引出现代的两种假设解法。

现代算法：

（1）砍足法：

假设全是鸡。

师：动物运动会开始了，比赛的哨声响起，兔子们比较胆小，它们吓得纷纷抬起自己的2只前脚并迅速捂住耳朵。这样，所有的兔都变成了鸡，都只剩下了2只脚。同学们，请你想一想：此时，地上还剩下多少只脚呢？你能列出算式表示一下吗？

（小组合作探究，师生再交流。）

生：由于兔子只剩下2只后脚站立，此时，每只兔子立在地面上的脚数与每只鸡一样，所以，我们可以假设笼子里的35只全都是鸡，那么，此时笼子里的脚数应当为70（$35 \times 2 = 70$）。

师：有谁知道算式里的35代表什么？2又代表什么？70又是指什么呢？

生：35代表"35个头都假设为鸡头"，2指"每只鸡有2只脚"，70只脚则表示剩下站在地面上的脚。鉴于题目说共有94只脚，而我们的假设法，与之相比，却少了24只脚。根据之前的假设，我们知道，缺少的24只脚应该是兔子的前脚，即笼子里不全是鸡，一只兔子有2只前脚，故而笼子里有12只兔子、23只鸡。

师：上面所使用的方法在数学上称为假设法。

思路总结如下：假设全是鸡，先算出此时笼子里脚的总数，然后用相差的脚数除以2求出兔子的数量，最后用减法推算出鸡的只数。

（2）添足法：

假设全是兔。

师：哨声结束，兔子们安心地放下前脚，旁边目睹了全过程的小鸡们则笑得前仰后合，为了站稳，它们将两只翅膀全都扑到地上，一眼望过去，就像是所有的鸡都变成了4只脚的兔子。看到这种情形，你又能想到什么呢？

（小组合作探究，师生再交流。）

生：由于鸡的2只翅膀撑地也变成了"脚"，此时，我们可以假设35个头全都是兔头，那么笼子里就有140只脚，但实际的笼子里只有94只脚，多出来的46只"脚"是鸡误算为脚的翅膀。由于每只鸡都多算了2个翅膀，所以可推算出鸡的数量为$46 \div 2 = 23$（只），那么，兔的数量为：35-23=12（只）。

教学思考：

随着历史发展的不断进步，对于很多数学问题的解决方法，相较于古人，现代人都更加简便了。通过阅读历史材料以及小组合作重演名题，学生对比自己的方法与古人的方法之间的相同点和不同点，体会方法的优劣，进而加深对"鸡兔同笼"模型的理解与拓展。此外，教师还可以借助现代信息技术还原整个假设过程，以增加古代算法的直观性，进一步帮助学生理解古人的巧妙思维。

（三）总结时，让数学史搅动学生情感的涟漪

在完整而高效的课堂教学中，课堂小结必不可缺，精巧又兼具趣味性的数学史料可以在揭开数学知识神秘面纱的同时，帮助学生在一定程度上消减对数学学习的恐惧感，进而在提高课堂小结效果的同时，提高学生的数学素养水平。

除了课堂小结之外，课堂伊始，教师也可以向学生介绍我国古代先贤和近现代科学家对世界数学发展的突出贡献，即导入时就渗透数学史，以激发学生对中华民族的自豪感和强烈的爱国情怀。在探索和解决"鸡兔同笼"这个问题时，教师先让学生欣赏曾远播海外的"鸡兔同笼"趣题动画，再顺势引出古代《孙子算经》中先人的精巧构思，将数学知识与古代数学的研究史料联系在一起。这样一来，枯燥的数学史教学瞬间就变得形象生动，让学生在赞叹中深刻地感受到了数学文化的魅力，更能让他们发自内心地产生爱国情怀和民族自豪感，提高了学生学习数学的兴趣与动力。

综上，无论是新课导入、问题探究，还是课堂小结，只要数学史料的渗透恰当有效，那么就有助于激发学生的学习兴趣、塑造优良品格和培养爱国情操。值得注意的是，教师在将数学史料融入课堂教学的过程中，要把握好科学性、目的性和趣味性原则，既不能脱离小学数学的教学实际，又要关注和帮助学生提升自己的最近发展区。在课堂中渗透数学史，可以提高小学数学的教学效率，高效地完成数学教学任务。

参考文献：

[1] 张苏良.例谈"数学史"在小学数学教学中的穿插运用[J].实践与反思，2017（11）：53.

[2] 王德梅.浅谈数学史渗透小学数学教学中的实践应用[J].数学学习与研究，2019，11（6）：65.

[3] 吴春莲. 浅谈数学史与小学数学教学的融合 [J]. 小学教学参考, 2014（5）：73.

[4] 莫儒团. 发挥数学史价值，丰富学生全面认知——以人教版小学数学教材为例 [J]. 数学教学通讯, 2018（6）：54-55.

（广州市培英中学附属小学　吴丽）

三、数学史融入小学数学课堂教学——以《比的意义》教学为例

数学文化作为数学知识的重要组成部分，不仅能够完善数学教学内容，还能够丰富教学形式，激发学生学习数学的兴趣，使他们能更加积极主动地投入数学学习中。在课堂教学中，我们在关注学生学习情况的同时，更关注知识的产生过程，通过对《比的意义》这一数学课堂进行分析，我们对数学史融入课堂有了一个更为直观地认识。本课内容是人教版六年级上册《比的意义》的内容，在此之前学生已经学过两个数是倍数关系的表示方法。在尊重、理解教材编写意图的基础上，笔者设计并执教了这一课，发现把数学史融入课堂中，通过介绍比号的由来、黄金分割点、人体中比的奥秘等内容，让学生了解比号的产生以及对现在的影响，学生学习起来更具有趣味性，更能积极参与课堂的学习；促使学生充分感受数学与现实生活的紧密联系，体会数学的价值和美感，对提高学生的数学素养也有很大的帮助。

片段一：经历比号产生的过程

课件出示：我们现在用的除法符号"÷"是瑞士学者雷恩于1659年在一本代数书中首先使用的。因为"÷"在欧洲大陆曾长期被用于表示减法，为了与减法区别，后来德国数学家莱布尼兹在他的一篇论文《组合的艺术》中首次用"："做除号，并逐渐通用，现在世界有些国家（如德国、俄罗斯）仍然用"："做除号。

师：看了这段文字你知道了什么？

生1：比号是德国数学家莱布尼兹首次使用的。

生2：原来比号和除号有着密切的关系。

生3：有些国家用比号当除号来进行计算。

师：同学们通过阅读材料，知道了比号是怎样产生的，以及比和除法有着密切的关系！接下来我们就继续研究比的意义的内容。（板书课题：比的意义）

片段二：有趣的黄金分割

师：比是一把无形的尺子，不仅可以测量速度、浓度，还可以测量人美不美（出示黄金比），人们把0.618：1叫作黄金比。根据黄金比将线段进行分割的点，就被称为黄金分割点，也称为黄金点。同学们知道与黄金比有关的知识吗？

师：古希腊的著名雕塑爱与美之神"维纳斯"，表现出最美的人体，雕塑高2.04米。从图中你们能找到哪些黄金比？

生1：雕塑的高和雕塑的腿长的比是黄金比。

生2：雕塑的身长和腿长的比也是黄金比。

师：图中的芭蕾舞演员跳舞时一直踮起脚，知道是为什么吗？

生1：踮起脚感觉腿比较长，就能达到黄金比。

师：生活中还有很多与黄金比有关的知识，同学们可以用你们善于发现美的眼睛去寻找一下。

课后的感悟有以下几点：

（1）融入数学史，提高学生的注意力。

学生对新鲜事物具有好奇心，而数学史对于小学生来说便是新鲜的事物，当教师说出"比是一把无形的尺子，不仅可以测量速度、浓度，还可以测量人美不美"时，教室里一下子安静了许多，为什么安静，因为学生的注意力都集中了，他们都想知道比怎么测量人美不美。当"黄金比"的内容在屏幕上出现时，学生都目不转睛地盯着屏幕。我们不难发现把数学史融入课堂中，可以有效地改善数学课堂教学气氛，把学生的求知欲都激发出来，这样就大大提高了学生的课堂注意力。

（2）渗透数学史，提高学生数学素养。

在教学的过程中，当学生对比的意义有了初步认识后，我把比号产生的数学史融入渗课堂，当这些数学史在屏幕中出现时，学生极其好奇地认真阅读，可以感觉到每个学生都沉浸在数学史的世界中。当学生阅读完史料后，学生有一种恍然大悟的感觉，他们都惊叹"原来比号就是除号"。一节好的数学课给予学生的绝不是单纯的数学知识，而是让学生亲历数学文化的发展，欣赏数学文化的智慧，提升学生的数学素养。

（3）用数学史，唤起学生探究的兴趣。

教师在数学课堂上讲一些概念性内容时，容易用到灌输法。例如，直接告诉学生这些概念都是前人界定的或者是约定俗成的，那么前人是谁呢？我们很少深入介绍，学生就更不会去深入探究。这次在《比的意义》一课中，我把比号的产生放入课堂，让学生从中知道比号是什么情况下产生的，是谁最先发明使用的，它的实际作用是什么，一下子就将学生探究学习的兴趣都激发出来了，学生通过比号的介绍很快就知道了比号和除法的关系，为后面学习除法、分数和比这三者之间的关系打下了良好的基础。

作为数学教师，我们要了解数学的发展史，把数学史融入课堂教学，激发学生学习和探究的兴趣，提升学生的数学素养，让学生在数学历史文化的熏陶下快乐地学习成长。

参考文献：

[1]鱼峰.《认识比》教学设计[J].科普童话：新课堂，2014（2X）：1.

[2]岳绪彬.怎样在高中数学教学中渗透数学文化[J].语数外学习：高中版（中旬），2018（4）：44-45.

[3]杨梅芳.《认识比》教学（二）[J].小学教学设计（数学·科学版），2012（9）：3.

[4]方学法，王媛媛.苏教版国标本数学六年级上册"认识比"备课参考[J].江苏教育，2008（14）：4.

[5]邹燕斐."比的意义"教学设计[J].小学教学参考，2004（26）：29-30.

[6]陈菅.数学历史融入课堂教学之我见[J].海峡科学，2015（2）：85-86.

[7] 王南. 漫话除法 [J]. 小学生学习指导（低年级），2018（1）：1.

（广州市白云区棠景小学　李婉莹）

四、数学史融入小学数学课堂的策略研究

数学史是对研究数学概念、数学方法、数学思想的过程的记录，是关于数学发展历程的记录，是数学文化的一部分。

数学是研究数量关系和空间形式的一门学科，这门学科的历史非常悠久，而且对每一个问题的研究都有一个由浅入深、循序渐进的过程，一些重要的数学成就都是基于先前的数学理论，通过继承和创新不断发展而来的，新的数学理论一般不会推翻原有的理论，而是包容原有的理论，人们把这些过程记录下来便成了数学史。

在小学数学课堂融入数学史的现状：通过国内外学者们的研究发现，在小学数学课堂中融入数学史现在还是存在着运用不善的问题。

（一）教师本身数学史方面的积累就非常匮乏

1. 入职前教师数学史方面的基础薄弱

小学数学特级教师蔡宏圣在《数学史走进小学数学课堂：案例与剖析》这本书中提道："小学数学教师中很少有人有数学教育的高等教育经历，很多人没有系统地学过数学史。"

笔者对本校数学科组的教师进行了一个调查，在参与调查的本校数学科组的15位数学教师中，数学专业的教师7人，占总数的46.7%；非数学专业的教师8人，占总数的53.3%。而非数学专业的教师在入职前是比较少能接触到数学史等专业课程的。

2. 入职后缺乏数学史方面的相关培训

通过追踪近几年区教研院的小学数学学科教科培活动发现，针对数学史方面的专题教研或培训不多，因此教师缺乏积累数学史方面知识的途径。

（二）目前小学数学教师没有充分挖掘课本中"你知道吗"或"阅读资料"这两个模块的数学史资源

"你知道吗"和"阅读资料"中的数学史资源是显性的，仅仅是相关数学史知识的一个"点"。我们要善于利用显性的数学史资源去挖掘出隐性的数学史资源，把这个"点"丰富成一个"面"。

（三）教师缺乏灵活多变地将数学史融入小学数学课堂教学的方法

大多数教师在数学课堂融入数学史仅仅局限于在讲授新课时提一下或者让学生读一读数学史资料，为了融入而融入。

改善目前在小学数学课堂融入数学史现状的策略包括如下：

（一）丰富教师数学史方面的知识

1. 在新教师入职和学校日常教研中开展数学史方面的培训

数学史家迪克斯特休曾经说过："对于师范生来说，关于数学学科历史演进的知识乃是一种财富，这种财富不仅是宝贵的，而且是不可或缺的。"在目前白云区整个教育系统缺编严重的形势下，入职前的专业对口不是我们可以控制的范围，那我们就只能从入职后的新教师培训和日常教研做起。

例如，在学期初，学校教导处与数学科组长商议制订针对提高科组教师数学史知识的一系列方案，可以是主题研讨，也可以是专题讲座等。

此外，学校也可以为数学教师配置一些与数学史相关的书籍，再组织数学教师撰写读后感，在科组内谈谈自己的收获。教师有了足够丰富的数学史知识储备，才能提炼数学史料中的数学思想和方法，并自觉地融入自己的课堂。

2. 引导教师利用多种手段获取数学史知识

丰富教师数学史知识储备，不仅要了解教材中的知识，还要通过线上的方式大量阅读数学史的相关知识。如果我们想搜集某一方面的数学史知识，互联网是很重要的一种途径。

例如，我们在百度中输入"数的产生与发展"，就可以得到大量相关信息，网页的右边还有相关书籍的链接。

这样一来，教师在备课活动中不断研读数学史，同时调整自己的教学观，将丰富的数学史融入教学中，能够对数学的过去、未来有更好的了解，

（二）强化融入数学史的意识，由"点"带"面"地用好教材数学史料

数学史源远流长，但这些数学史知识并不会直观地出现在小学教材中，而是有待于教师利用多种途径去挖掘。教师深度挖掘数学知识背后的丰富数学史是教师在小学数学课堂中恰如其分、潜移默化地融入数学史的前提。教师在备课时要充分利用数学教材中"你知道吗？"或"阅读资料"模块中的数学史料，由教材中一个显性的相关数学史知识的"点"挖掘出隐性的一个"面"的数学史资源。

例如，五年级上册第六单元《多边形的面积》这个教学内容，教材中提供的数学史料是这样的：

我国古代数学家刘徽利用出入相补原理来计算平面图形的面积。出入相补原理就是把一个图形经过分割、移补，而面积保持不变，来计算出它的面积。如图6-3-1所示，它们显示了平面图形的转化。

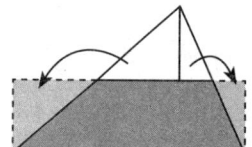
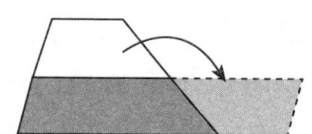

图6-3-1　平面图形的转化

教师可以这样做：

1. 课前利用数学史创设情境，导入课堂

教师可以用介绍"出入相补"原理由来的方法引入："同学们，你们都玩过七巧板吧！同样的七块板，虽然形状可以发生各种各样的变化，但是它们的面积却是不变的，这就是数学上的'出入相补'原理，这个原理最早是由我国著名数学家刘徽提出来的。他被称作'中国数学史上的牛顿'，有着相当重要的历史地位。"

用这样鲜活的数学史引入方式可以增强学生的民族自豪感和认同感，激发学生的学习兴趣。

2. 课中追溯数学史中古人的探索历程，古法今用

教师继续说："刘徽就是利用'出入相补'的原理来研究平行四边形的

面积的。这节课，我们就沿着数学家的足迹，来探究一下平行四边形的面积该按照怎样的一条路径进行研究。"

刚开始，一部分学生可能还是会用数格子的方法进行计算，教师可以先肯定他的方法，再引导："除了数格子，还有其他的方法吗？"接下来，学生会思考出各种各样分割、移补的方法。

接着，教师梳理总结："刚才我们利用'出入相补'的原理，把平行四边形转化成了长方形，在转化的过程中虽然形状变了，但是面积却没有变。"

3. 课后利用数学史进行拓展，体现数学的文化价值

在学生掌握了用"出入相补"法求平行四边形的面积后，教师还可以让学生思考：对于三角形、梯形甚至一些不规则图形，是否也可以用这种方法去求它的面积？引导学生课后继续探究，促进知识的迁移。

教材中"出入相补"这个数学史料仅仅是单元总结的一个"点"，但是教师要善于融合相关的知识，引导学生把这个"点"放大到整个"面"，让它贯串于整个单元的学习。

（三）提供多样化的融入方法

1. 在教学中融入数学家的故事，让数学知识变得鲜活

伊夫斯就曾说过："课堂上为学生讲述数学家的故事和轶事非常有用，这就像调味品一样能够激发学生的兴趣。"

例如，在学习教材六年级上册"圆周率"的知识时，教师可以向学生介绍古代数学家祖冲之的成长故事：

祖冲之是我国南北朝时期的数学家、天文学家。他从小就受到很好的家庭教育。爷爷给他讲"斗转星移"，父亲领他读经书典籍，家庭的熏陶，耳濡目染，加上自己的勤奋，使他对自然科学和文学、哲学，特别是天文学产生了浓厚的兴趣，在青年时代就有了博学的名声。

祖冲之的数学著作《缀术》中记载了很多数学计算的方法，如一些特殊的二次方程和三次方程根的计算。其中一个最广为人知的贡献就是将圆周率推算到了3.1415926到3.1415927之间，是当时对圆周率计算精确度最高的。

祖冲之还给出圆周率（π）的两个分数形式：22/7（约率）和355/113（密率），其中密率精确到小数第7位。祖冲之对圆周率数值的精确推算值，

对于中国乃至世界是一个重大贡献,后人将"约率"用他的名字命名为"祖冲之圆周率",简称"祖率"。

教师联系所教学的内容,选择对应的数学史故事进行讲授,既可以极大地激发学生的学习热情,又可以让新知更好地被学生接受。

2. 让数学经典名题走进课堂,经历数学家的思考过程

数学名题之所以是名题,是因为它们在历史上有着举足轻重的地位。这些经典名题可以将枯燥的教学内容转化为有趣味的问题,让学生在寻求答案的同时掌握知识。另外,数学经典名题还能启发学生的智慧,帮助学生形成良好的数学观。

例如,教材四年级下册学习运算定律时,课本中就有"求解1+2+3+…+100"的题目。

9.*用合适的方法计算:

(1) 1+2+3+4+…+98+99+100;

(2) 2+4+6+…+16+18+20;

(3) 20-19+18-17+…+4-3+2-1。

它虽然不是以"你知道吗?"或者"阅读资料"的模块形式呈现数学史料,但是它却是一道数学经典名题。我们要善于把握这个融入数学史的时机,加以引导。

教师:同学们,第(1)题可是一道非常有名的数学题呢!高斯是德国著名数学家、物理学家、天文学家、大地测量学家,是近代数学奠基者之一,他被认为是历史上重要的数学家之一,并享有"数学王子"之称。高斯小时候非常淘气,一次数学课上,老师为了让他和同学们安静下来,给他们列了一道很难的算式,让他们一个小时内算出1+2+3+4+…+100的得数。全班只有高斯用了不到20分钟就给出了答案,因为他想到了用(1+100)+(2+99)+(3+98)+…+(50+51)一共有50个101,所以50×101就是1加到100的得数。后来人们把这种简便算法称作高斯算法。

学生:高斯好厉害!

教师:高斯的成就源于他对数学的热爱和孜孜不倦地探索。老师相信你们如果像高斯一样喜欢思考、坚持不懈,也能在数学上学到更多的东西。

3. 组织学生开展丰富多彩的活动，让课堂灵动起来

教师可以用黑板报、手抄报或实践活动的形式，让学生以课堂上学习的数学史为主题，或者课后翻阅书籍、上网搜索与数学史相关的小知识，办一个"趣味数学史板报"、绘制一份手抄报或动手操作。

例如，采用手抄报的形式找寻数学之"最"——数学史最长的国家、最早的记数方法、最早使用"0"的人。又如，当我们学习到一年级下册认识图形这个单元时，教材中有一个关于"七巧板"的数学史料。

教师可以根据学生的能力设计不同层次的实践活动：同学们，七巧板是我国一种传统的智力玩具，用它可以拼出千变万化的图形，也称作"七巧图"。七巧板流传到国外后，引起了很多人的兴趣，被称作"唐图"。

基础版实践活动：请你用七巧板拼出你喜欢的图形吧！

提高版实践活动：用七巧板拼图形，适当加入一些简单图形或者景物（花草、太阳……）发挥想象编成一则小故事。

这种形式可以激发学生的爱国主义情怀，最大限度地发挥学生的能动性和积极性，促进他们通过动手实践、自主探索与合作交流，获得必需的数学知识。

五、收获和反思

在小学数学课堂融入数学史，有助于激发学生的数学学习兴趣，加深学生对数学知识的理解以及培养学生的批判创新思维习惯和审美意识。在小学数学课堂中融入数学史的策略是多种多样的，但归根到底还是需要教师重视起来，加强自己在这方面的意识，不断丰富数学史知识储备，把握融入的时机，积极开展各项活动，这样才能在实际教学活动中做到融会贯通、事半功倍。

参考文献：

[1] 向慧.小学数学教学中融入数学史的调查及有效策略的研究[D].南京：南京师范大学，2016.

[2] 王燕.小学数与代数教学浸润数学史的实践研究[D].成都：四川师范大学，2016.

[3] 蔡宏圣. 数学史走进小学数学课堂：案例与剖析[M]. 北京：教育科学出版社，2016.

[4] 陈雪映. 怎样在小学数学教学中运用数学史料[J]. 课程教育研究，2019（15）：122-123.

[5] 吴冰冰. 数学史融入小学数学教学的实施策略及评估研究[D]. 福建：集美大学，2019：18-24.

（广州市白云区黄边小学 李少灵）

五、数学史如何与小学数学相融合

（一）开展数学阅读，了解数学史

阅读是运用语言文字来获取信息、认识世界、发展思维，并获得审美体验的活动。阅读的过程就是从文字和图片等材料中获取重要信息。数学学习中包括符号、公式、图表等。现如今，为传承中华优秀传统文化，深入推进学校文化建设，在各学校形成"爱读书、会读书、读好书"的良好风尚，全面提高师生人文素养，落实立德树人的根本任务，在实施中小学生阅读素养提升工作的基础上，进一步推进和提升中小学生阅读素养工程。这次的阅读素养工程不仅针对语文，而且针对小学全科。因此，数学阅读也是必不可少的。

但是在现实教学中，部分教师只是让学生课后去阅读，搜集相关的资料，并没有给学生足够的指引，以至于学生在阅读的过程中一知半解，后来又不了了之，使得学生并没有将数学阅读材料很好地加以利用，也不利于培养学生的阅读习惯。除了教师自行为学生寻找阅读材料之外，教师还可以让学生特地去寻找与某个知识点有关的数学史，再在课堂给予学生分享的机会，既让学生更加深入地理解该知识点，也能拓展其他学生的知识面，或者另外再找时间让学生把所找资料进行分享。同时，在课堂上分享的过程中，教师可以引入小组加分比拼制，若哪个小组分享的数学史既易懂又简洁，表达生动，则可以适当加分。在这过程中，教师可以随时对学生进行提问，对数学材料进行复习。

在寒暑假的数学作业中，我会给学生布置数学阅读作业，并推荐几本适合他们阅读的书籍，学生自选完成阅读。在开学初，会及时将学生的作业进行展示，供大家学习。

据了解，已经有不少学校的数学教师会利用课前三分钟的时间，让学生们在讲台上讲数学家的故事，这不仅有利于拓展学生的数学知识，有利于学生对数学家产生敬佩之心，树立关于数学的理想和抱负。

（二）运用数学课本，拓展数学史

在数学学习中，很多学生会认为数学课本上的内容过于单一，难度过于低，从而容易忽视课本上的知识。还是有不少教师强调课本的重要性，知识点要回归课本，如许多概念题的最终答案都可以在课本上找到，所以认真翻看课本，研读课本知识，也是相当重要的。在人教版的数学课本里，已经添加了"你知道吗"这一模块关于知识点的课后补充。其实这就是数学史的内容，教师往往因为赶课程进度、上课时间有限，忽略这一模块的教学，让学生课后阅读，这往往不能起到任何作用。数学史早已进入课堂，却也无人知晓。

其实，了解"你知道吗"这一模块的内容，对我们的新课学习也是非常有用的。在小学数学人教版五年级上册中，共有四处章节末尾处有"你知道吗"这样的知识补充。这些正是数学史的内容。例如，《梯形的面积》这一小节末尾补充了平面图形的转化，而这正是这节课需要讲的内容，把未知的知识转化成已知的知识，进而推导出梯形的面积公式。我国古代数学家刘徽利用"出入相补"原理来计算平面图形的面积。"出入相补"原理就是把一个图形分割、移补，而面积保持不变，以此来计算出它的面积。这个内容显示的就是平面图形的转化。

在学完三角形的面积的时候，教师就可以提出中国名著《九章算术》中的"方田章"来论述平面图形面积的算法。书中说："方田术曰，广从步数相乘得积步。"其中"方田"是指长方形田地，"广"和"从"是指长和宽。也就是说：长方形的面积=长×宽。还说："圭田术曰，半广以乘正从。"也就是说：三角形面积=底×高÷2。学完这一课，学生不仅能深入地掌握三角形面积的计算方法，更会惊叹于古人的数学智慧。

（三）用数学史导入教学，激发学习兴趣

俗话说："良好的开端是成功的一半。"在教授新课的教学中，一般可以在课前导入环节适当增加数学史的内容。内容大多是数学史上的一些故事趣闻、名人名题等，教师根据这些内容来创设生动幽默、富有人情味和鼓动性的问题情境，通过这个过程产生的情境，去激发学生的好奇心，进一步唤起学生的求知欲，极大地提高学生的学习兴趣，让学生对这节课充满期待，使学生能够快速地投入到即将开始的数学学习中去。这就是培养学生数学阅读习惯的一个良好开端。

数学史不仅可以在课前引入，也可以出现在课中新知识点的教学中。下文以两节公开课实例来说明。在教学小学数学人教版六年级上册第四单元《比》时，该教师在讲完"比的认识"知识点后，提到了"黄金比"，这一内容在课本的"你知道吗"模块中有所体现。不过教师是举例说明黄金比在生活中的应用，贴近生活，学生容易接受，自然而然地加深了学生对"比的认识"的了解。

在教学人教版六年级上册的第五单元《圆的周长》一课中介绍圆周率的时候，教师为了让学生对圆周率有更多的了解，应多给学生讲圆周率的故事。在这节课例中，该教师以一个小动画的形式播放给学生看，生动有趣。圆周率π吸引着古往今来众多数学爱好者的兴趣，同时我国古代有许多数学家对圆周率π的研究有显著的成就，为数学的发展做出了杰出的贡献。当讲述这些数学史之后，学生对圆周率π有更进一步的了解，同时也会感慨历代数学家的聪明才智。

线上学习期间，学生的学习积极性不高。随后，我会在上课前准备好一个数学史的小视频，内容最好是和本节课有关的。讲知识点之前，先让学生看几分钟数学史小视频，接着提问学生，从视频中，你学会了什么？学生对观看视频还是比较敏感的，回答问题也是很积极的，并能说出自己的感受，学习积极性也逐渐提高！所以说，将数学史融入课堂，是一个不错的做法。

在课堂结束之时，教师可以提出与知识点相关的数学疑问，留给学生作为课后思考题。这个课后思考题可以是历史难题，激发学生的求知欲，让学生自主探索，从而使枯燥乏味的习题教学变得富有趣味和探索意义，极大地调动了学生的积极性，并提高学生的学习兴趣。

让数学史走进课堂、融入课堂可采取的方式多种多样，但是教师在执行过程中一定要注意方式方法，不能简单机械地生搬硬套，可灵活地运用图片、音频、视频等新颖材料，丰富课堂学习氛围，让学生在枯燥的数学学习中能更加深刻地体会到数学与众不同的魅力。同时，让学生增加数学史的课外阅读时间，也能在一定程度上改变学生对数学的认知，包括对数学的印象及对待数学学习的态度也会相应好转。

因此，在小学数学教学中教师应适时、适当地融入相应的数学史，既活跃课堂氛围，又有利于培养学生数学思维，充分发挥数学史的作用，让学生站在古人的肩膀上体会数学思想，感受数学的魅力。以"史"开教、以"史"助教，让每个学生在学习数学中学会欣赏数学、喜爱数学、享受数学的乐趣。

参考文献：

［1］王玉娇.数学史料融入小学数学教学中的现状及对策研究［D］.锦州：渤海大学，2018.

［2］昌久萍.数学史在小学数学教学中的应用［J］.课程教育研究，2012（26）：156.

［3］王小平.数学史融入小学数学课堂教学方式研究——以"数学广角——鸡兔同笼"为例［J］.广东职业技术教育与研究，2018（5）：91-93.

（广州白云区远景小学　刘璐）

参考文献

[1] J.R.安德森.认知心理学[M].杨清,张述祖,等,译.长春:吉林教育出版社,1989.

[2] 程智.现代教育技术与教师专业发展[M].天津:天津教育出版社,2010.

[3] 程智.远程教育学教程[M].广州:暨南大学出版社,2013.

[4] 顾明远.教育大辞典[M].上海:上海教育出版社,1991.

[5] 罗伯特·M·加涅.学习的条件[M].傅统先,陆有铨,译.北京:人民教育出版社,1985.

[6] 李文林.数学史概论[M].北京:高等教育出版社,2002.

[7] 刘娟娟.小学数学教学技能[M].上海:华东师范大学出版社,2011.

[8] 刘兼,孙晓天.数学课程标准解读[M].北京:北京师范大学出版社,2002.

[9] 莫雷.教育心理学[M].广州:广东高等教育出版社,2007.

[10] 莫雷.心理学[M].广州:广东高等教育出版社,2000.

[11] 莫罗,M.W.小学数学教学法[M].北京:文化教育出版社,1983.

[12] 人民教育出版社小学数学室.小学数学教材教法(第1册)[M].北京:人民教育出版社,2001.

[13] 人民教育出版社小学数学室.小学数学教材教法(第2册)[M].北京:人民教育出版社,2001.

[14] 王道俊,王汉澜.教育学[M].北京:人民教育出版社,2004.

[15] 王少非.新课程背景下的教师专业发展[M].上海:华东师范大学出版社,2005.

［16］吴亚萍.中小学数学教学课型研究［M］.福州：福建教育出版社，2014.

［17］中华人民共和国教育部.全日制义务教育数学课程标准（实验稿）［S］.北京：北京师范大学出版社，2001.

［18］中华人民共和国教育部.义务教育数学课程标准（2011年版）［S］.北京：北京师范大学出版社，2011.